KLASSISCHE & MODERNE
REZEPTE AUS IBIZA

Marion Agthe-Natter

KLASSISCHE & MODERNE REZEPTE AUS IBIZA

Mehr als 210 Rezepte von der weißen Insel

Zeichnungen von
Stefani Schmoll

VERLAG GEBRÜDER KORNMAYER

© 2010 Verlag Gebrüder Kornmayer
www.kornmayer-verlag.de
ISBN 978-3-942051-05-7

Autorin: Dr. Marion Agthe-Natter
Grafiken: Stefani Schmoll
Fotografien: Dr. Marion Agthe-Natter,
Julia Wolkewitz, Eckhard Ziehn,
Dr. Günther Wolkewitz, Peter Wieler,
Satz & Layout: Gebrüder Kornmayer
Lektorat: Angelika Radloff
Druck: Leibi, Neu-Ulm

Deutsche Bibliothek - CIP-Einheitsaufnahme.
Ein Titelsatz dieser Publikation ist bei der
Deutschen Bibliothek (Frankfurt) erhältlich.

*Die beste Zutat für jedes Rezept
ist, ohne Eile zu kochen!*

*El millor ingredient per a cada
recepta no té cap pressa per cuinar.*

(Ibizenkische Redensart)

INHALT

Danksagung

Besonders möchte ich mich bei Andrea Rae-Filmer, Rafael Jimenez Maoleon, Christel und Wolfgang Schöning für die Unterstützung bei der Recherche der Rezepte bedanken.

Dank gilt auch meinem Mann Claus für die Übersetzungen der zahlreichen Texte.

Weiter gilt mein Dank Margareta Becker, Mariluz Rubin, Petra Schaar, Julia Wolkewitz, Dr. Günther Wolkewitz, Eckhard Ziehn und Olaf Plotke.

ÜBER DIESES BUCH

Einst war Ibiza eine isolierte kleine, von Armut geprägte Insel, deren Bewohner sich von Landwirtschaft und Viehzucht ernährten.

Heute besuchen jährlich mehr als eine Million Touristen die beliebte Ferieninsel, viele, um dort die Nacht zum Tag zu machen.

Ibizas Ruf, eine Partyinsel mit Megadiscos zu sein, spiegelt jedoch nur einen winzigen Teil der Realität wider. Außerhalb dieser „Discowelt" findet der Besucher eine Insel der Ruhe vor: Die Küste zeigt eine ungestörte Natur, die dazu einlädt, den Terminkalender zu vergessen; in den kleinen Dörfern mit ihren wundervollen Wehrkirchen sieht man Bauern, die mit Eselskarren fahren, und Bäuerinnen, die in herrlichen alten Trachten vor der Haustür sitzen und sich unterhalten.

Einige dieser alten Frauen haben mir ihre Rezepte überlassen. Ihre Kochgeheimnisse wurden lange Zeit nur mündlich von Küche zu Küche, von Mutter zu Tochter weitergegeben. Ich habe angefangen, diese Rezepte aufzuschreiben, bekam von Freunden weitere Kochideen, fand das eine oder andere in Büchern – und schnell war die Idee entstanden, ein ibizenkisches Kochbuch zu schreiben. Ein Kochbuch nicht nur mit Rezepten zum Appetitanregen und Nachkochen, sondern auch mit „rondalles", also Märchen, denn auch sie geben Zeugnis davon ab, wie die Menschen früher auf der Insel gelebt haben und wie sie teilweise heute noch leben.

Einige dieser Märchen habe ich von Ibizencos gehört, es gibt aber auch ein wunderbares Buch von Georg A. Weth, „Märchen aus Ibiza", mit weiteren Geschichten.

Da die erste Sprache der Ibizenkos katalanisch ist, sind die Namen der Rezepte sowohl auf spanisch wie auf katalanisch übersetzt.

Vielleicht trägt mein Buch dazu bei, die Art, wie die Ibizencos leben, fühlen und genießen, durch Küche und Märchen näherzubringen. Und es bietet mit seinen Rezepten die Möglichkeit, den kulinarischen Zauber Ibizas zu Hause nachzuerleben, sich an die Speisen zu erinnern, sie sogar zuzubereiten.

Ich wünsche Ihnen viel Spaß beim Nachkochen. Bon profit!

Marion Agthe-Natter

EINLEITUNG

Der Einfluss der Geschichte auf die Küche von Ibiza

Die Geschichte der Küche Ibizas ist auch die Geschichte wechselnder Eroberer, die heftig um die strategisch günstig gelegene Insel kämpften: Karthager, Römer, Araber und Spanier – sie alle hinterließen ihre Spuren in der Landschaft, in der Tradition, der Kultur und eben auch in der Küche.

Im Jahre 654 v. Chr. entdeckten die Karthager Ibiza und gründeten Ibiza-Stadt, womit diese zu den ältesten Städten Europas gehört. Die Karthager waren Kaufleute, und Ibiza wurde zu einer ihrer großen Handelsstationen. Die wichtigste Handelsware war das „weiße Gold" – das Salz. Bis heute wird in den von den Karthagern angelegten Salzfeldern, den Salinen im Süden der Insel, aus Meerwasser Salz gewonnen. Es war eine überlieferte Methode, verderbliche Produkte in Salz einzulegen, da Nahrungsmittel aufgrund der Hitze schnell schlecht wurden.

Zudem kamen die Karthager noch aus einem anderen Grund nach Ibiza: Sie legten hier ihre Totenstadt an. Nach altem Brauch musste die Erde der Nekropole frei von giftigen Tieren sein. Und tatsächlich gab und gibt es auf der Insel keine giftigen Tiere – beruhigend für diejenigen, die gerne ein Picknick im Grünen genießen möchten.

Jahrhunderte später, um 123 v. Chr., hielt das römische Imperium Einzug auf Ibiza. Die Römer brachten den Knoblauch, Olivenbäume und die ersten Weinreben mit. Und sie waren Meister in der Zubereitung von Schweinefleisch.

Im 9. Jh. v. Chr. kamen die Araber und nannten die Insel „Yebisah". Fast 500 Jahre lang blieben sie die Herren der Insel. Sie revolutionierten die Landwirtschaft mit Terrassenfeldern und einem ausgeklügelten Bewässerungssystem. Mit diesen Verfahren schufen sie die Grundlagen für den Obst- und Reisanbau. Sie pflanzten Dattelpalmen, Feigen-, Aprikosen- und Mandelbäume. Kürbis und Auberginen wurden in den Speisezettel aufgenommen. Sie brachten Zucker und Anis, Wermut und Muskatnuss, schwarzen Pfeffer und Kümmel, Majoran und Safran mit.

Einige spanische Begriffe bewahren noch heute die Erinnerung daran, dass die Kultivierung vieler Lebensmittel auf Ibiza den Mauren zu verdanken ist. Dazu zählen vor allen Dingen die Wörter, die mit dem arabischen Artikel „al" oder „a" anfangen: almendra (Mandel), azafran (Safran), albaricoque (Aprikose), albahaca (Basilikum), algarrobo (Johannisbrot), azucar (Zucker), arroz (Reis).

Auch der Koriander, das „Wanzenkraut", wie abendländische Köche ihn verächtlich nannten, wurde über Nordafrika nach Spanien gebracht. Der comino (Kreuzkümmel), das beliebteste Gewürz der spanisch-maurischen Küche, kam aus dem islamischen Raum über das Mittelmeer auf die Iberische Halbinsel. Wenn man zur Gazpacho ein Schälchen Kreuzkümmel gereicht bekommt, so geht also auch das auf den Einfluss der Mauren zurück.

Sehr deutlich erkennt man die arabische Dessertkunst an den Zutaten der Nachspeisen und des Gebäcks: Mandeln, Honig, Eier und sehr viel Zucker sind die Hauptbestandteile vieler Leckereien.

1235 wurde Ibiza von den Katalanen erobert. Sie benannten die Dörfer nach christlichen Heiligen um, und nach und nach wurden Kirchen errichtet. Sie nahmen Einfluss auf die Sprache der Insel: Katalanisch wurde als Amtssprache eingeführt. Heute noch ist Katalanisch (catalan) die eigentliche Sprache der Balearen. Es ist eine sehr lebendige Sprache, die parallel zu Spanisch (castillan), der zweiten offiziellen Sprache, gesprochen wird. Die Bewohner der Insel, deren erste Sprache Katalanisch ist, sind zwar in der Minderzahl; trotzdem genießt diese Sprache heute ein hohes Ansehen.

Neben der Sprache brachten die Siedler auch kulinarische „Neuheiten" mit, die es bis heute gibt, z. B. das Schweineschmalz. Außerdem bereiteten sie viele Gerichte in der Form von `Sofrit` zu, einer Brühe aus Öl, Zwiebeln, Knoblauch und Tomaten, verfeinert mit aromatischen Kräutern und Gewürzen, die bis heute die Basis vieler einheimischer Eintöpfe bildet.

All diese Kulturen haben ihre kulinarischen Zeichen gesetzt. Man kann die Geschichte nicht ausklammern, sie brodelt wie eine Würze in jedem Kochtopf. Das Ergebnis ist eine rustikale Raffinesse, die gekennzeichnet ist von typisch mediterranen und vor allem frischen Zutaten.

Die Küche ist ehrlich, ohne Schnörkel. Auf erstklassige Zutaten wird allerhöchsten Wert gelegt. Auch wenn die Rezepte einfach erscheinen, so sind sie wohldurchdacht und sehr vielseitig.

Eine Reise nach Ibiza – ein kulinarisches Erlebnis

Die traditionelle Küche der Insel ist eine Küche dessen, was zur jeweiligen Jahreszeit vorhanden ist. Eine Vorratshaltung war wegen des feuchten und warmen Klimas nur bedingt möglich. In die Töpfe kam das, was der Garten und die Viehhaltung gerade hergaben. Aus dem Vorhandenen wurden mit viel Phantasie wahre Spezialitäten zubereitet.

Gekocht oder gebraten wurde mit Olivenöl, hinzu kamen Knoblauch, Zwiebeln und Tomaten. Gewürzt wurde mit Safran, Paprikapulver und Zimt. Da nur eine Kochstelle zur Verfügung stand, ist das typische Inselgericht ein Eintopf – entweder im offenen Kamin der Finca oder im angebauten Backofen zubereitet. Gekocht wurde er in einer schalenförmigen Tonschüssel, der `Greixonera`, oder in der höheren, bauchigen `Olla`. Diese Gefäße gaben manchen Gerichten den Namen. Die `Olla fresca` ist ein Eintopf aus verschiedenen Bohnensorten, Kartoffeln und Birnen; die `Greixonera de verdura` ein Gemüsetopf.

Ein für Ibiza typischer Eintopf ist `Sofrit pagès` mit Huhn, Lamm und Schwein, den einheimischen Würsten Butifarra und Sobrassada sowie Kartoffeln, Zimt und Safran.

Ein klassisches Gericht ist auch der `Guisat de peix` (Fischeintopf). Dafür werden verschiedene Fischsorten mit Knoblauch, Zwiebeln, Tomaten, Kartoffeln und vielen Gewürzen gekocht.

Außerdem gibt es den berühmten `Bullit`, einen Eintopf aus verschiedenen Fleischsorten, Würsten und Gemüse.

Die `Borrida rajada`(Rochenragout mit Mandelsauce) kann man das ganze Jahr essen, `Cuinat` isst man normalerweise vor Ostern. Dieses Fastengericht wird aus `Habas` (dicken Bohnen), der einheimischen Erbsensorte `Guijas` und Mangold gekocht. Hinein gehört auch ein Strauß `Verdura`, eine Wildpflanze, die man wie den mannshohen wilden Fenchel am Wegesrand findet.

`Conill amb ceba` (Kaninchen mit Zwiebeln), `Arròs a la bruta` (Reis mit Tintenfisch, von dem die Tinte mitverwendet wird), `Caragols sofregits` (geschmorte Schnecken, die einfach nur mit einem Zahnstocher gegessen werden) – all das sind Spezialitäten, die es zu entdecken gilt!

Viele dieser Gerichte kann man in einigen Restaurants der Insel bekommen. Es sind meist solche, für die nicht groß geworben wird, die aber vor allem von Inselbewohnern besucht werden. Häufig tragen diese Lokale das Wort „Ca´n" in ihrem Namen. Das bedeutet „bei" oder „Haus". In der Regel deutet diese Bezeichnung

Wilder Fenchel am Wegesrand

auf bodenständige traditionelle Küche hin. Gleiches sagt auch die Bezeichnung „Celler" aus. Hier kann man viele Gerichte der authentischen Küche Ibizas genießen.

Die ibizenkische Küche hat viele Gemeinsamkeiten mit der spanischen; dennoch ist sie etwas ganz Eigenständiges – man sollte sie unbedingt probieren!

Doch eines muss man wissen: Kochen ist keine exakte Wissenschaft – schon gar nicht auf Ibiza!

Kommt man in ein typisches ibizenkisches Haus, in dem traditionell gekocht wird, wird die Hausfrau nie sagen, man nehme 100 g Sobrassada oder genau 2 Tomaten...

Im Gegensatz zu den modernen Gerichten sind die Messeinheiten hier: ein Löffel, ein Bund, eine Handvoll, ein Stück, eine kleine Tasse...

Bei wie viel Grad ein Gericht im Ofen zubereitet wird, bleibt oft ungewiss, es heißt lediglich: Stelle die Form in einen heißen Ofen...

Trotz vieler Ungenauigkeiten in der traditionellen Küche erlauben gerade diese es, jedem Gericht eine persönliche Note zu geben. Schließlich sind es jahrelange Erfahrung und der eigene Gaumen, die dem Gericht den Geschmack verleihen. Dennoch habe ich versucht, ungenaue Mengenangaben teilweise durch präzisere zu ersetzen!

Dieses Buch wirft einen Blick in die Töpfe der typisch ibizenkischen Küche! Es gilt, traditionelle Rezepte, alte Geheimnisse und auch die Entwicklung zum modernen Kochen auf Ibiza zu entdecken.

Blicken wir über

    die rote Erde, das blaue Meer,
    die terrassenförmigen Felder, die sanften Hügel,
    die jahrhundertealten knorrigen Olivenbäume,
    die Johannisbrotbäume mit ihren schwarzen Früchten,
    die Mandelblüten des Winters,
    die Pinien, die sich im heißen Mittagswind wiegen,
    die Finca, die von riesigen Kaktusfeigen umgeben ist,

so ist dies der Beginn einer Schlemmerreise durch die ibizenkische Küche.

Ein Besuch bei Filipa

Das alte Ibiza ist immer noch zu finden; es lässt sich in entlegenen Winkeln bis heute aufspüren: Da sind die Bauern, die mit ihrem von einem Muli gezogenen zweirädrigen hohen Karren Viehfutter vom Feld holen; da gibt es die Schaf- und Ziegenherden, die unter Olivenbäumen weiden.

Doch kaum etwas prägt das Bild Ibizas so sehr wie die typischen alten Bauernhäuser, die „Fincas". Besonders auffällig ist ihre architektonische Schlichtheit mit den weiß getünchten kubischen Formen. Deshalb wird Ibiza auch die „Weiße Insel" genannt. Viele Architekten, u. a. Le Corbusier, Raoul Hausmann, Walter Gropius, ließen sich von diesen ibizenkischen Häusern inspirieren. Auch die Materialien wie Lehm, Naturstein oder Holz sowie die harmonische Funktionalität der kubischen Räume gaben ihnen Anregungen.

Diese ländliche Architektur, die sich an historische Einflüsse aus der maurischen Welt anlehnt, beruht allerdings nicht auf ästhetischen Vorlieben, sondern auf nüchterner Zweckmäßigkeit. Seit jeher beachtet man die klimatischen Gegebenheiten: Die Hitze der südlichen Sonne wird durch dicke zweischichtige, mit Mörtel ausgefüllte Mauern abgeschirmt, die nur durch einige kleine, manchmal vergitterte Fenster durchbrochen werden. Die kalkweiß getünchten Wände reflektieren die Sonnenstrahlen, und über das von innen mit wuchtigen Balken aus Sabinaholz abgestützte Dach kann das Regenwasser direkt in die Zisterne ablaufen. Um den kalten Nordwind abzuhalten, liegt die Haupteingangstür an der Südseite.

Solch eine Finca ist weit mehr als nur ein Haus in einer wunderschönen Landschaft. Ursprünglich war sie der Lebensraum und die Vorsorgungsgrundlage einer ganzen Familie, die nahezu alles, was sie zum Leben brauchte, selber produzieren musste.

Die über achtzigjährige Bäuerin Filipa hat die schwere körperliche Arbeit am eigenen Leib erfahren. In ihrer Jugend war Ibiza bettelarm; man lebte von dem, was die Erde und das Meer hergaben. Der Speiseplan war einfach: montags Bohnen, dienstags Kichererbsen, mittwochs Linsen ..., und bis zum Sonntag hatte man die gesamte Palette der Hülsenfrüchte und Gemüse durch. Nur selten gab es auch einmal ein Stück Speck.

Und was kann man zubereiten, wenn nur eine Kochstelle zur Verfügung steht? Eintöpfe. So ist es verständlich, wenn der `Greixonera de verdura`, der Gemüseeintopf, oder der `Olla fresca`, der Eintopf aus Bohnen, Kartoffeln und Birnen, zu den ältesten Gerichten der Insel gehören.

Filipa in ihrem Festtagskleid

Die Finca

Noch heute halten einige Familien diese Traditionen aufrecht und leben wie Generationen vor ihnen: von der Feldarbeit, der Viehwirtschaft, dem Backen von Brot und der Herstellung von Wein – so, wie es auch Filipa heute noch handhabt.

Der Eingang von Filipas Haus ist durch ein Vordach, die „Porxada", geschützt. Einen Gartenzaun gibt es nicht, jede Finca bildet eine respektierte Insel für sich. Ihre Gäste empfängt Filipa in der „Sala", einem hohen Wohnraum mit einer Balkendecke. Die Sala ist älteste Teil und der Mittelpunkt der Finca und direkt von außen zugänglich. Hier steht auch der lange Speisetisch.

Seitlich der Sala liegt die relativ große Küche mit der Feuerstelle und einem nach außen ragenden kuppelförmigen Backofen. Filipa backt hier alle zwei Wochen den gesamten Brotbedarf

Hinter der Sala liegen zwei kleine Schlafzimmer. Braucht man mehr Platz, etwa durch Heirat oder für Kinder, wird einfach ein weiterer Kubus angebaut.

Im hinteren Bereich des Gebäudes sind die Stallungen. Hier leben zwei Schweine, das eine für den Viehmarkt, das andere für die Matanza.

Ein alter Karren

In der Umgebung des Hauses liegen Gärten und Felder. Zwei Ziegen liegen im Schatten eines Baumes; Filipa macht ihren eigenen Ziegenkäse. In einem abgetrennten Bereich gackern die Hühner.

Und etwas weiter draußen stehen die Kakteen, die früher als natürliche Toilette dienten, da sie Gerüche neutralisieren.

Zahlreiche Bäume wachsen im Garten: Orangen-, Zitronen-, Aprikosenbäume. Die Olivenbäume liefern Öl für die ganze Familie, und die Schoten des Johannisbrotbaumes werden als Viehfutter verwendet. Die Kerne nimmt die Genossenschaft ab, sie sind ein begehrtes Produkt für die Industrie.

Auf den Feldern wachsen Kartoffeln, Salat, Bohnen, Tomaten und Zwiebeln. Filipa ist stolz auf die Vielfalt der Nahrungsmittel. Sie kann mit ihrer Familie fast autark leben, nur Reis und Fisch werden dazu gekauft.

Auswahl und Verwendung der Zutaten

· Um den typischen Geschmack der ibizenkischen Küche zu erreichen, sollte beim Zusammenstellen der Zutaten darauf geachtet werden, möglichst Produkte aus Ibiza zu bekommen.

· Beilagen, Saucen und Vorschläge zur Dekoration der Speisen findet man meist am Ende des Rezepts. Die Zutaten hierfür werden in der Zutatenliste nicht aufgeführt. Oft findet man die Rezepte für Beilagen und Saucen in den entsprechenden Kapiteln.

· Im Vorfeld sollte man die Garzeiten planen und Rückschlüsse ziehen, z. B. wann der Braten in den Ofen kommt und die Kartoffeln aufgesetzt werden.

· Die Zutaten sollten stets frisch und reif sein.

· Bei der Verwendung der Zutaten wird generell davon ausgegangen, dass Gemüse und Obst vor der Verwendung gewaschen bzw. geschält wird. Pilze werden geputzt und die Stiele angeschnitten. Fleisch wird pariert, was bedeutet, dass Sehnen, Haut und überschüssiges Fett abgeschnitten werden. Meeresfrüchte bürsten, putzen und wenn nötig den Darm entfernen. Die Fische schuppen etc. Eier werden zuvor aufgeschlagen oder gepellt. Dies wird meist in den Rezepten nicht extra erwähnt.

· Zitrusschalen: Wenn geriebene Schalen von Zitrusfrüchten (z. B. Zitrone, Orange) verwendet werden, sollten diese nur von unbehandelten (ungespritzten) Früchten stammen. Immer die Früchte unter heißem Wasser gut abbürsten!

Maßeinheiten und Mengenangaben

Der Erfahrung nach können Mengenangaben und Garzeiten nur ungefähre Angaben sein. Die unterschiedliche Beschaffenheit der Zutaten, die verschiedenen Gegebenheiten der Küchen – von der Pfanne über das Kochfeld*, bis hin zum Backofen** – und auch der individuelle Geschmack lassen ein präzises Abschmecken und Garproben unabdingbar werden. Bei allen Rezepten sollte jeder seine eigene Erfahrung im Umgang und Bereiten von Speisen einfließen lassen.

Die Mengen sind nach dem metrischen System angegeben:

kg	=	Kilogramm
g	=	Gramm (1.000 g = 1 kg)
L	=	Liter (Achtung: „L" statt „l")
cl	=	Centiliter (1 cl = 10 ml)
ml	=	Milliliter (1.000 ml = 1 L)
EL	=	Esslöffel = ca. 15 g
TL	=	Teelöffel = ca. 7 g

Weitere Mengenangaben:

Msp.	=	Messerspitze (Menge, die auf der Spitze eines Besteckmessers Platz hat)
Pkg.	=	Packung, Päckchen, Tütchen (z. B. Vanillezucker)
Prs.	=	Prise (Menge, die sich zwischen Daumen und Zeigefinger befindet)
TK	=	tiefgekühlt
°C	=	Grad Celsius (100 °C = 212 ° Fahrenheit)
Ø	=	Durchmesser
cm	=	Zentimeter

* z. B. die unterschiedlichen Kochzeiten von 1 L Wasser bei:
elektrischem Kochfeld: 9 Minuten
Ceranfeld: 6 Minuten
Gasherd: 4 ½ Minuten
Induktionsherd: 2 ½ Minuten

** unterschiedliche Garzeiten bei Gas-, Infrarot-, Elektro- oder Umluft-Backöfen. Die angegebenen Garzeiten beziehen sich auf den Elektro-Backofen.

Einige Küchenbegriffe

altbacken: Wird in Verbindung mit Brot öder Brötchen verwendet. Es bedeutet, dass die Backwaren nicht frisch, sondern vom Vortag – oder älter – und somit sehr trocken sind. Meist wird daraus Paniermehl gerieben oder man weicht sie in kaltem Wasser ein, um die Masse unter das Hackfleisch zu mischen.

blanchieren: Gemüse 1 bis 5 Minuten lang in kochendes Wasser geben und anschließend abschrecken, indem man es in Eiswasser taucht. Dadurch behält es seine kräftige Farbe, bleibt knackig und länger haltbar.

küchenfertig: Das bedeutet, dass Fleisch zur Verwendung in der Küche vorbereitet wurde. Neben dem obligatorischen Waschen heißt dies z. B. auch, dass Fisch ausgenommen und geschuppt, das Geflügel gerupft, abgebrüht und ausgenommen wurde.

legieren: Mit der Kochflüssigkeit verrührtes Ei unter ständigem Rühren in die fertige, nicht mehr kochende Speise einlaufen lassen.

montieren: Der Name stammt aus dem Französischen und bedeutet „in die Höhe steigen". Saucen und Suppen werden montiert, indem man klein geschnittene Butterflocken in die nicht mehr kochenden Flüssigkeiten gibt und diese mit dem Schneebesen aufschlägt.

passieren: Suppen, Saucen, Fonds etc., die Stücke von Zutaten beinhalten, werden durch ein Sieb gegossen. Der Siebinhalt wird mit einem Löffel durchgedrückt, wobei die weichen Bestandteile durch das Sieb gehen und die festen, wie z. B. Knochen, Schalen etc., drinnbleiben und entfernt werden. Das kann durchaus sehr anstrengend sein. Aus diesem Grund bieten Hersteller von Küchengeräten spezielle Maschinen an, die diese Arbeit erleichtern und unter dem Namen „Flotte Lotte" bekannt sind.

reduzieren: Die Flüssigkeit, die während des Kochens oder Bratens entstanden ist, bei offenem Topf oder offener Pfanne einkochen lassen, bis so viel Flüssigkeit verdampft ist, dass die gewünschte Konsistenz erreicht ist.

unterheben/unterziehen: Eine schaumige Masse oder Sahne wird vorsichtig unter eine festere Masse „gerührt". Durch das sanfte Unterziehen bleibt der Schaum erhalten, und die Masse wird lockerer.

vom Herd nehmen: Der Begriff wird oft verwendet, wenn man einen Topf oder eine Pfanne von der heißen Kochplatte nehmen soll. Natürlich kann man diese auf dem Herd belassen, wenn man sie einfach auf eine Platte zieht, die noch kalt ist, oder bei einem Gasherd das Gas abschaltet.

vorgewärmt: Teller und Platten, auf denen die Speisen serviert werden, werden im Backofen auf 50 °C vorgewärmt.

warm stellen: Es gibt 2 Arten des Warmstellens. 1. Hefeteig stellt man bei 50 °C abgedeckt zum Aufgehen in den Backofen. 2. Speisen stellt man bis zum Verzehr bei 70 °C abgedeckt im Backofen.

zerstoßen: werden Zutaten im Mörser (fein oder grob).

FESTE & REZEPTE

Festivales y recetas
Festivals i receptes

Ibizenkische Festessen an kirchlichen Feiertagen

Die Kirche bestimmt viele Bereiche des spanischen Lebens. So geben kirchliche Festtage auch vor, welche besonderen Gerichte gegessen werden sollen.

Karneval – Carneval

Der Karneval beginnt am „schmutzigen Donnerstag" (dijous llarder) mit Speisen wie Sobrassada, Tortilla und Griebencoca. An den nächsten Tagen isst man viel Fleisch, um sich auf die vierzigtägige Fastenzeit vorzubereiten.

Das spanische Wort „cuaresma" für Fastenzeit stammt vom lateinischen „quadragesimam diem" – der 40. Tag. Es erinnert an die 40 Tage, die Jesus in der Wüste verbrachte, um zu fasten und zu meditieren.

Der Karneval endet am darauffolgenden Dienstag mit einem Eintopf, bestehend aus Schweinefüßchen, Schweineohren und Schweinekopf, Kartoffeln, Erbsen und Kohl. Am nächsten Tag, am Aschermittwoch, beginnt die Fastenzeit, und damit endet der Fleischgenuss!

Aber es gibt auf Ibiza wohlschmeckende Alternativen, z. B. diesen süßen Hefeteig mit herzhaften Speckgrieben:

Griebenkuchen

Coca de chicharrones
Coca amb xinxarrons

Zutaten:
500 g Mehl
etwa 150 ml Wasser
etwa 150 ml Öl
1 Glas Branntwein
250 g Speckgrieben
250 g Pfund Zucker
1 Zitrone, abgeriebene Schale davon
Zimt

Zubereitung:
Alle Zutaten bis auf den Zucker und den Zimt miteinander vermischen und in eine Form füllen. Mit Zimt und Zucker bestreuen. In den Ofen schieben und etwa 1 Stunde backen.

Palmsonntag – Domingo de ramos

Palmsonntag war der Tag, an dem Christus in Jerusalem einzog und die Menschen auf den Straßen ihm zujubelten und Palmblätter streuten.

Ein alter Brauch an diesem Tag ist das Binden der „Palmas". Eine Woche vor Palmsonntag werden dafür die Palmblätter geschnitten, nur drei bis vier Blätter von jeder Palme, damit deren Wachstum nicht beeinträchtigt wird. Dabei gibt es zahlreiche Leckereien wie Tortilla, oder Sobrassada, aber auch Süßes wie zum Beispiel die `Orelletes`, ein Festtagsgebäck, das auch zu Hochzeiten gerne gereicht wird!

Am Samstag werden die Palmas in die Kirche gebracht, wo sie das Kreuz schmücken. Am Palmsonntag wird die Messe mit einer Prozession abgehalten, und zum Schluss werden die Palmas gesegnet und verschenkt. Man bezeichnet sie auch als „Segenbringer", denn sie sollen angeblich ihren Besitzer vor Unheil bewahren.

Öhrchen

Orelletes
Orelletes

Zutaten:
1 kg Mehl
4 Eier
400 g Zucker
1 Zitrone, geriebene
  Schale davon
1 kleine Tasse Anislikör
Aniskörner
Öl
  (ein altes Rezept enthält
  zusätzlich 200 g Schweineschmalz)

Dieses Gebäck hat die Form eines Ohres, daher der Name.

Zubereitung:
Die Eier schlagen, das Mehl nach und nach unterrühren und den Zucker und den Anislikör zugeben. Das Mehl einkneten, bis ein glatter Teig entstanden ist. Die Aniskörner und die Zitronenschale zufügen, dann einige Minuten ziehen lassen. Den Teig in Portionen aufteilen und zu etwa 15 cm großen ohrförmigen Teile aufrollen, die zur Mitte hin eingeschlagen werden. Leicht andrücken und in der Mitte markieren. Bei großer Hitze in schwimmendem Sonnenblumenöl ausbacken oder frittieren. Anschließend auf Küchenpapier legen, damit das Fett aufgesaugt wird, und mit Puderzucker bestreuen.

Ostern – Semana Santa

Die traditionelle „Semana Santa", die Karwoche von Palmsonntag bis Ostern, ist die wichtigste Festzeit des Jahres. Auf Ibiza wird die Karwoche nach mittelalterlichen Traditionen gefeiert. Sie beginnt mit Gottesdiensten und kirchlichen Prozessionen und hat den Höhepunkt am Karfreitag, dem Tag der Kreuzigung Jesu. Die Karfreitagsprozession wird in ganz Spanien abgehalten, aber selten findet sie eine so imposante und zugleich furchteinflößende Kulisse wie in der Altstadt von Ibiza-Stadt.

Mitglieder ibizenkischer Bruderschaften sind in Gewänder gekleidet, die bis zum Boden reichen, und sie tragen spitze Kapuzen, die nur Augenschlitze frei lassen. Sie sollen die Gesichter der Männer in Demut verbergen, denn das Tragen der Heiligenfiguren ist eine besondere Ehre, und niemand soll sehen, wem diese Ehre zuteil wird. Alle Teilnehmer einer Bruderschaft bewegen sich gemessenen Schrittes und tragen eine der schweren, reich mit Blumen geschmückten Sänften mit den Heiligenstatuen durch die nächtlichen Gassen. Manche gehen barfuß zum Zeichen der Selbstgeißelung und Bußbereitschaft. Dazwischen sieht und hört man die Züge der Trommler. Ihre Trommelschläge dröhnen rhythmisch und dumpf, von schauriger, getragener Musik begleitet. Manchmal ist das Wehklagen von Frauen zu hören, die den Tod Jesu beweinen. Viele Menschen bekreuzigen sich, wenn der Zug vorbeizieht, und fangen an zu beten.

Die Prozession hat ihren Ursprung im Mittelalter. Die vermummten Gestalten verbreiteten zur Zeit der Inquisition Schrecken und Angst vor Hexenverbrennungen, die es jedoch auf Ibiza zu keiner Zeit gab.

Nach den Festzügen trifft man sich mit Verwandten und Freunden zum Essen. Es gibt regional unterschiedliche Semana-Santa-Gerichte, jedoch sind sie immer fleischlos, wie zum Beispiel Gemüseeintöpfe oder Eiergerichte. Der Gemüseeintopf `Cuinat` (siehe Rezept) kann nur am Gründonnerstag und Karfreitag in wenigen ibizenkischen Restaurants probiert werden.

Der Ostersonntag hingegen ist ein reines Freudenfest und wird in der Familie gefeiert.

Es wird ein ganz besonderes Essen, ein Lammgericht, zubereitet, denn das Lamm ist das Symbol des Lebens.

Milchlamm

Cordero lechal
Xai

Zutaten:
1 Milchlamm, Keulen und
    Rücken davon
2 Handvoll Petersilie
8 Knoblauchzehen
2 Zweige Thymian
100 g Schweineschmalz
¼ L Weißwein, trocken
Salz
Pfeffer

Zubereitung:
Die Lammkeulen und die Rückenteile waschen und trocken tupfen. Mit Salz und Pfeffer einreiben und auf ein Backblech legen. Den gehackten Knoblauch mit der Petersilie mischen und auf den Lammstücken verteilen. Das Schweineschmalz in Flöckchen darübergeben und den Thymian zufügen. Im vorgeheizten Ofen bei 220 °C etwa 30 Minuten braten, dann die Fleischstücke wenden und den Wein angießen. Den Ofen auf 175 °C zurückschalten und das Lamm noch etwa 1 Stunde braten lassen. Während der Garzeit häufiger mit Wasser und dem eigenen Saft begießen.

Flao

Flao
Flaó

Zutaten:
400 g Mehl
etwas Wasser
Öl
2–3 cl Anisschnaps
Anissamen
4 Eier
Zucker
400 g Ziegenfrischkäse
Hierba buena
Puderzucker

Keinesfalls darf bei diesem Festessen der typische `Flao` fehlen. Das ist ein Käsekuchen aus Eiern und Zucker und `Hierba buena`, einer speziellen Minzsorte. Ursprünglich war er nur für diesen Tag gedacht, heute gibt es ihn das ganze Jahr über in den einheimischen Bäckereien.

Zubereitung:
Für den Teig das Mehl, den Anissamen, Wasser und Öl in gleichen Mengen und den Glas Anisschnaps zu einem kompakten Teig verkneten und in einer Backform auslegen.

Für den Belag die Eier, den Frischkäse, Zucker und das Hierba buena verrühren und auf dem Teig verteilen. In den vorgeheizten Backofen schieben, goldbraun backen, abkühlen lassen und mit Puderzucker bestreuen.

Panades

Panades
Panades

Zutaten:
Teig:
1 kg Mehl
200 g Schweineschmalz
¼ L Wasser
Salz
Pfeffer

Füllung:
2 kg Lammfleisch aus
    der Keule
Bauchspeck
Sobrassada
Paprikapulver
Olivenöl

Früher eine typische Osterspezialität, findet man diese Köstlichkeit heute das ganze Jahr hindurch in den Bäckereien.

In der Osterzeit jedoch treffen sich Familienmitglieder und Freunde, um die leckersten und unterschiedlichsten Panades zu backen. Mal sind sie süß, mal sind sie herzhaft, je nachdem, welche Zutaten verwendet werden. Jede Familie hat ihre eigenen Vorlieben.

Bei Joana werden Panades so gebacken:

Zubereitung:
Das Lammfleisch am Abend vorher in Würfel schneiden und in mit Salz, Paprikapulver und Pfeffer vermischtes Olivenöl einlegen.

Am nächsten Tag alle Zutaten für den Teig bis auf das Mehl miteinander vermischen. Jetzt erst das Mehl nach und nach dazugeben, bis ein glatter Teig entsteht. Etwa drei Viertel des Teiges abnehmen, ausrollen und daraus Kreise von etwa 10 cm Durchmesser plus etwa 4 cm Rand ausschneiden. Mit dem Fleisch, der Sobrassada, dem Paprikapulver, etwas Öl und dem gewürfelten Speck füllen. Nun den restlichen Teig ausrollen, „Deckel" ausschneiden und damit die Panadas verschließen.

Bei 180 °C backen, bis der Teig goldgelb ist.

Weihnachten – Navidad

In der Weihnachtszeit steigt der Süßigkeitenkonsum um etwa 30 Prozent. Marzipan, Mandelkekse, süße Suppen aus Mandeln und ganz besonders `Turron`, der traditionelle Mandelnougat, sind jetzt gefragt. Das kulinarische Jahr gipfelt im Weihnachtsmenü am 24. Dezember.

An Heilig Abend, „Noche Buena", kommt die ganze Familie zum Essen zusammen.

Weihnachtsgans und Karpfen sind den Ibizenkos nicht vertraut, doch gibt es auch hier typische Weihnachtsgerichte, z. B. in folgendem Menü:

Vorspeise:	ein Reisgericht, gespickt mit Innereien vom Schwein
Zwischengang:	Sofrit payes, gebratene Schweineinnereien mit Kartoffeln und Paprika
Hauptgang:	gegrilltes Schweinefleisch
Dessert:	Salsa de Nadal

Bei der Zubereitung dieser verschiedenen Gänge kann ohne Weiteres ein halbes Schwein verwertet werden. Bei manchen Familien findet man auch einen Truthahn oder Kapaun im Ofen, gefüllt mit den leckersten Zutaten.

Weihnachten wurde früher auf der Insel kaum gefeiert. Man ging in die Kirche, traf sich mit der Familie zum Essen – oft wurde eine der seltenen Fleischmahlzeiten zubereitet. Man vergaß auch die noch ärmeren Nachbarn nicht, die ebenfalls eingeladen wurden.
Heute muss niemand auf eine weihnachtliche Stimmung verzichten. In Ibiza-Stadt, Santa Eulalia, San Carlos und Las Dalias finden ab Anfang Dezember Weihnachtsmärkte statt, und in den Straßen der Städte wird die Weihnachtsbeleuchtung angeschaltet.

Geschenke werden allerdings nicht vom Weihnachtsmann verteilt oder vom Christkind gebracht, sondern von den Heiligen Drei Königen, den „Reyes Magos"; deshalb müssen die Kinder bis zum 6. Januar darauf warten. Dazu stellen sie am Abend vorher Stroh und Wasser für die Kamele bzw. für die Pferde der drei Weisen aus dem Morgenland und ihre Schuhe für die Geschenke vor die Tür. Denn nach uralter Sitte reiten die Heiligen Drei Könige an diesem Tag mit ihren Pferden durch die Straßen, um nach Stroh und Schuhen Ausschau zu halten.
In den Häfen von Ibiza-Stadt, San Antonio oder Santa Eulalia laufen die Reyes Magos in geschmückten Booten ein und verteilen Geschenke.

Weihnachtssuppe

Sopa de Navidad
Sopa de Nadal

Zutaten:
Teile vom Truthahn oder
  Landhuhn (Hals, Kopf
  und Magen)
1 EL Schweineschmalz
1 Stk. Ochsenschwanz
1 Zwiebel
2 Möhren
1 Stk. Sellerie
2 reife Tomaten
8 Eier
einige Safranfäden
etwas Sherry
Salz
Pfeffer

Zubereitung:
Das Fleisch mit Salz und Pfeffer würzen. Den Safran dazugeben und 2 ½ Liter Wasser angießen. Das klein geschnittene Gemüse hinzufügen und 30 Minuten kochen lassen.

Das Gemüse durch ein Sieb in einen anderen Topf passieren.

6 Eier verquirlen, in ½ Liter von der Brühe einrühren, in eine feuerfeste Form füllen und in ein kochendes Wasserbad setzen. Den Eierstich im Backofen bei 180 °C etwa 50 bis 60 Minuten stocken lassen.

Abkühlen lassen und in den Kühlschrank stellen. Den festen Eierstich in Würfel schneiden.

Die restliche Brühe kurz aufkochen und vom Herd nehmen. 2 Eigelbe einrühren, Sherry zufügen und nicht mehr kochen lassen. Den Eierstich in eine Suppenschüssel geben, die Brühe darüberfüllen und heiß servieren.

Weihnachtskapaun

Capon de Navidad
Capo de Nadal

Zutaten:
1 Kapaun (als Kapaun
  bezeichnet man den ver-
  schnittenen und gemäste-
  ten Hahn),
  ersatzweise Truthahn,
  ca. 2,5 kg, küchenfertig
Schweineschmalz
1 Schweineohr
500 g Schweinefilet
1 Stk. Sobrassada
1 Stk. Butifarra
1 Zwiebel
4 Knoblauchzehen
1 Glas Weißwein, trocken
1 Karotte
Pinienkerne
Rosinen
Zimt
Muskatnuss
Paprikapulver
Salz
Pfeffer

Zubereitung:
Die Zwiebel und die Knoblauchzehen hacken, das Schweineohr, die Schweinefilets und die Würste klein schneiden. In einer Pfanne das Schweineschmalz erhitzen und alles darin anbraten. Mit Wein ablöschen und Pinienkerne, Rosinen und die fein geschnittene Karotte hinzufügen. Mit Salz, Pfeffer, Paprika, Zimt und Muskatnuss würzen. Einige Minuten köcheln lassen, dann 1 Glas Wasser dazu geben. So lange köcheln lassen, bis das Wasser verdampft ist. Den Kapaun oder Truthahn waschen, trocknen, innen und außen mit Salz und Pfeffer und dem Schweineschmalz einreiben und mit der Mischung füllen. Die Öffnung gut verschließen. In einen Bräter legen und im vorgeheizten Backofen bei 220 °C etwa 20 Minuten braten. Die Hitze auf 175 °C reduzieren. ½ Liter Wasser angießen und den Kapaun weitere 2 Stunden braten. Während dieser Zeit mehrmals mit dem Bratenfond begießen. Nach der Hälfte der Bratenzeit den Kapaun wenden, damit er rundherum knusprig wird.

Anstelle von Wasser kann man den Kapaun im Bräter auch mit ½ Liter Cava (Sekt) angießen.

Eine moderne und kalorienärmere Variante der Füllung:

250 g Backpflaumen, entsteint
100 ml Sherry
4 Äpfel, geschält, entkernt, in Viertel geschnitten

Die Backpflaumen im Sherry etwa 2 Stunden einweichen. Den Kapaun mit den Backpflaumen und Äpfeln füllen.

Weihnachtssauce

Salsa de Navidad
Salsa de Nadal

Zutaten:
Brühe:
12 L Mineralwasser
1 Huhn
1 Stk. Schweinefleisch
1 Stk. Lammfleisch
1 Stk. Sobrassada
1 Stk. Butifarra
200 g Speck
2 g Safran
Salz
Pfeffer

Sauce:
10 L Brühe
10 Eier
1 ½ kg Mandeln, geröstet
   und gemahlen
1 Löffel Honig
1 kg Zucker
150 g Zimt
2 Nelken
Pfeffer

Die `Salsa`, die man Weihnachten als Nachtisch isst, ist etwas ganz Besonderes. Sie wird aus Mandeln, Eiern, Fleischbrühe, Zucker, Gewürzen und Safran zubereitet. Man isst sie warm und taucht Biskuitstücke oder süßes Brot hinein.

Sie wird in jedem Haus anders gemacht. Diejenigen, die sie nicht schon als Kinder gegessen haben, sollten sie zuerst probieren und erst danach erfahren, wie sie zubereitet wurde, denn die Mischung der Zutaten ist recht eigenwillig!
Am Tag vor Weihnachten wird die Salsa in einem großen Topf gekocht, und zwar so viel, dass sie bis zum Dreikönigstag reicht. Die Zubereitung dauert etwa drei Stunden.

Am ersten Weihnachtsfeiertag gibt es als Vorspeise eine Hühnersuppe oder ein Reisgericht. Beides wird mit der Brühe, die bei der Zubereitung der Salsa übrig geblieben ist, gekocht.

Danach wird ein `Sofrit pagès` serviert und dann ein gebackenes Spanferkel. Zum Nachtisch gibt es die heiße Salsa.

Zubereitung:
Für die Brühe das Wasser zum Kochen bringen und das Lammfleisch hineingeben. Nach 20 Minuten das Schweinefleisch, nach weiteren 15 Minuten das Huhn zufügen und dann die Würste, den Speck und die Nelken. Weitere 30 Minuten köcheln lassen. Mit Salz, Pfeffer und Safran würzen. Danach die Brühe durch ein Sieb gießen und abkühlen lassen.

Für die Sauce die Mandeln entkernen, überbrühen und häuten. Leicht anrösten und zerstoßen. Mit den

Eiern zu einem festen Teig verkneten. Die Brühe zu dem Mandelteig gießen und mit einem Holzlöffel gut verrühren. Den Zucker, den Honig, den Zimt und die Nelken hinzufügen. Alles 1 Stunde lang kochen und dabei stets in dieselbe Richtung rühren.

Da man die Sauce gleich für die gesamte Zeit der Feiertage zubereitet, sollte man sie alle zwei Tage aufkochen, damit sie nicht verdirbt.

Süßspeisen

Kirchliche Festtage geben z. B. auch vor, welche süßen Genüsse auf den Tisch kommen. Die Katalanen „naschen sich noch heute von Fest zu Fest". Auf jedes Grundrezept kommen etliche Abwandlungen, denn jede Region, jede Familie stellt „ihr" ganz besonderes Gebäck her.

Weihnachtsmandelnougat

Turron de Navidad
Torró de Nadal

Zutaten:
250 g Mandeln, ungeschält
250 g Haselnüsse, unge-
schält
250 g Honig
250 g Zucker
5 Eiweiß
Zimt
3 Backoblaten, 12 x 20 cm

Mandeln und Honig sind von jeher die Grundbestandteile eines echten `Turron`, der in ganz Spanien bekannt ist. Ohne ihn wäre Weihnachten nur halb so schön!
Durch die Jahrhunderte hindurch hat sich die handwerkliche Herstellung erhalten, über die ein „Turronero" wacht. Wahrscheinlich ist auch diese Süßigkeit von den Mauren nach Spanien gebracht worden, denn etwas Ähnliches, das Halva, gibt es in der Türkei.

Zubereitung:
Die Mandeln kurz in kochendes Wasser geben, kalt abschrecken und die Haut entfernen. Auf Küchenpapier trocknen lassen, dann ohne Fett rösten.

Die Haselnüsse auf ein Backblech legen und bei 200 °C 10 Minuten rösten, bis sich die Schalen lösen. Das Eiweiß zu Schnee schlagen. Die Nüsse und Mandeln im Mixer fein mahlen und unter den Eischnee heben.

Den Honig und den Zucker erwärmen, die Eimasse zugeben und 10 Minuten bei mittlerer Hitze verrühren. Dann vom Herd nehmen und auf die Oblaten streichen. Wenn die Masse abgekühlt ist, mit Zimt bestäuben und die Oblaten in 1 cm große Würfel schneiden.

Weihnachtsbiskuit

Bizcocho de navidad
Bescuit de nadal (Coc pages)

Zutaten:
500 g Mehl
125 g Zucker
100 ml Mineralwasser
100 g Schmalz
(oder 50 g Schmalz und
50 ml Olivenöl)
3 Eier
etwas Anis
1 Zitrone, abgeriebene
Schale davon
Zimtpulver
1 Glas Anislikör
150 g Backpulver

Zubereitung:
Alle Zutaten mischen und zu einem festen Teig verkneten. Ein langes „Brot" formen und im vorgeheizten Ofen bei niedriger Hitze 50 bis 60 Minuten backen.

Kirchturm von Santa Gertrudis

Kranzkuchen zum Dreikönigstag (Königskuchen)

Roscon de reyes
Tortell de reis

Zutaten:
400 g Mehl
4 Eier
100 g Butter
100 g Zucker
1 EL Hefe
¼ L Milch
1 TL Orangenblütenwasser
1 Zitrone, abgeriebene
   Schale davon
200 g Früchte, kandiert
1 Überraschungsgeschenk

Der `Roscon` ist ein Kranzgebäck mit Mandelfüllung und mit kandierten Früchten verziert. Man nimmt an, dass der Roscon auf die runden Kuchen zurückgeht, die während des römischen Reiches dem Gott Janos auf Märkten dargebracht wurden.
Im Inneren des Kuchens befindet sich eine Überraschung. Früher war es eine Bohne, heute ist es meistens eine Plastikfigur. Wer sie findet, darf sich für diesen Tag die Krone aufsetzen.

Zubereitung:
Die Hefe in etwas lauwarmer Milch auflösen und mit einem Viertel des Mehls gut verkneten, bis ein glatter Teig entsteht. In eine Schüssel geben, abdecken und auf das Doppelte aufgehen lassen. Das restliche Mehl, 3 Eier, Zucker, Butter, die restliche Milch, das Orangenblütenwasser und die abgeriebene Zitronenschale vermengen, bis man wiederum einen glatten Teig erhält.

Dann beide Teige gut miteinander verkneten und erneut für etwa 2 Stunden abgedeckt ruhen lassen. Nochmals durchkneten und den Teig zu einer Rolle formen. Auf einem mit Mehl gut bestäubten Blech diese Rolle zu einem Ring formen; dabei darauf achten, dass genug Abstand bis zum Rand des Backbleches bleibt, da der Teig sich noch einmal verdoppelt. Nicht vergessen: Das kleine Geschenk in den Teig stecken!

Die Rolle mit den kandierten Früchten dekorieren und mit Eigelb bestreichen. Im vorgeheizten Ofen bei 160 °C etwa 20 Minuten backen.

Der Ball pagès beim Johannisfest

Ibizenkische Genüsse zu weltlichen Festen

Die weltlichen Feste auf Ibiza sind hauptsächlich die Sonnenwendfeiern: die Sommersonnenwende um Sant Joan, den Johannistag, herum, und die Wintersonnenwende um Weihnachten herum. Mit der Sommersonnenwende beginnen mit dem Segnen von Tieren und den Tänzen an Brunnen die Mäharbeiten und das Pflügen der Felder.

Im Kirchenjahr ist jeder Tag einem oder mehreren Heiligen gewidmet. Bei weltlichen Festen und solchen mit heidnischen Wurzeln haben sich Laufe der Zeit oft die kirchlichen Namen der Kalenderheiligen erhalten. Der ursprüngliche Anlass des Festes kann so, allein durch den Namen, nicht immer ausgemacht werden.

Johannisnacht – Una noche de verano

Das Fest zum Tag des Heiligen Johannes und zur Feier der kürzesten Nacht des Jahres findet am 24. Juni statt.

Sant Joan liegt etwa 22 km nordwestlich der Inselhauptstadt Ibiza (Eivissa). Beim Patronatsfest finden auf dem Kirchplatz Prozessionen und Folkloretänze statt. Hier kann man den „Ball pagès" erleben, einen traditionellen Volkstanz, der Bilder eines Ibizas vor hundert Jahren zeigt.

Bei diesem Tanz fordert der Mann die Frau mit einem harten Schlag der Kastagnetten zum Tanz auf. Während die Frauen ringförmig um ihre Freier tanzen, stellen diese ihre Fähigkeiten durch hohe Sprünge dar. Die Frauen kleiden sich in der traditionellen Tracht, der „Gonella". Sie ist aus schwerem Stoff in hellen, lebhaften Farben, die sich von der dunklen Tracht der verheirateten Frauen abhebt. Unter der Gonella befinden sich zehn Unterröcke, und alles ist handgefertigt. Auf der Brust tragen sie die „Emprendada", einen prächtig gearbeiteten Schmuck, der aus Goldketten und Kruzifixen besteht. Auffallend sind auch die vielen Ringe, die alle in feinster mediterraner Goldschmiedearbeit gefertigt werden und die den sozialen Status zeigen sollen. An den Füßen tragen sie „Espadrillas" aus Agavenfasern mit Sohlen aus Espartogras.

Den Besuchern werden bei diesen Darbietungen Kostproben von traditionellem ibizenkischen Gebäck angeboten: Bunyols und Orelletes. Etwas ganz Besonderes sind jedoch an diesem Tag die Coca de San Juan und die Maccarones de Sant Joan.

Johannis-Nudeln

Macarrones de San Juan
Macarrons de Sant Joan

Zutaten:
½ L Wasser
500 g Tallarines
500 g Zucker
3 L Milch
1 Zitrone, Schale davon
1 Zimtstange
Zimtpulver
Safran
Salz

Die süßen „Johannisnudeln" sind typisch für diese Gegend. Maria bereitet sie zu Sankt Johann als Nachspeise zu. `Tallarines`, länglich gelockte Nudeln (keine Makkaroni!), werden in gesüßter Milch mit Zimt gekocht.

Zubereitung:
Die Tallarines werden mit der Zitronenschale, der Zimtstange, etwas Safran und etwas Salz in Wasser gekocht. Nach der Hälfte der Kochzeit gibt man nach und nach die Milch und ein Drittel des Zuckers dazu und kocht die Nudeln so lange, bis sie gar sind, das heißt, nicht „al dente", sondern „gut gekocht". Abgießen, dabei etwas Kochflüssigkeit aufheben, die Zimtstange und die Zitronenschale entfernen und die Pasta zum Abkühlen in eine Schüssel füllen.

Die aufbewahrte Flüssigkeit in einem kleinen Topf auf kleiner Flamme unter ständigem Rühren mit dem Zimtpulver, einem Schuss Milch und dem restlichen Zucker kochen. Zum Schluss diese Sauce über die Maccarones geben, abkühlen lassen und kalt servieren.

Reiter auf dem Johannisumzug

Die Gonella mit zehn Unterröcken

Die goldene Emprendada

Zuckerkuchen mit kandierten Früchten

Coca de San Juan
Coca de Sant Joan

Zutaten:
Teig:
200 g Mehl
1 Ei
100 g Butter
75 g Zucker
1 Prs. Salz

Belag:
500 g Aprikosen
kandierte Früchte
Pinienkerne
1 TL Anis
Zimtpulver
Puderzucker

Zubereitung:
Die Aprikosen waschen, halbieren und die Kerne entfernen. Mit etwas Zucker und Zimt bestäuben und mit Anis abschmecken. Beiseitestellen.

Das Eiweiß vom Eigelb trennen. Auch das Eiweiß beiseitestellen. Für den Teig alle Zutaten gut miteinander verkneten. Das Eiweiß schlagen und vorsichtig unter den Teig heben.

Eine ofenfeste Form gut einfetten und mit Mehl bestäuben. Den Teig in die Form füllen und mit den Aprikosen, den kandierten Früchten und den Pinienkernen dekorieren. Im vorgeheizten Ofen bei 200 °C etwa 15 Minuten backen, dann zur Probe mit einer Gabel in den Teig stechen. Wenn sie trocken und ohne Teigreste bleibt, ist der Kuchen fertig.

Traditionelles Orellete

Winterfeste

Die Winterfeste beginnen mit dem Fest, das den Verstorbenen gewidmet ist: Allerheiligen („Tots Sants").

An Allerheiligen setzt man sich mit Freunden und der Familie zusammen, um Nüsse zu knacken und Geschichten von Kobolden und Geistern zu erzählen, die „Rondalles".

Ibiza ist eine Insel voller Aberglauben und alten Geschichten, die von Generation zu Generation weitergegeben werden und die von magischen oder ungewöhnlichen Ereignissen handeln. Figuren wie „Barruguets", „Fameliars" oder „Follets" kommen in den Erzählungen häufig vor.

Der Barruguet, der bereits bei den Römern unter anderem Namen bekannt war, hat große Ähnlichkeit mit dem Gott Bes: Er ist klein, hat kräftige lange Arme, einen Ziegenbart und eine raue Stimme. Mit Vorliebe ärgert er die Hausfrauen. Wenn sie beispielsweise nähen, versteckt er die Schere oder Kleidungsstücke, oder er wirft beim Kochen Salz in den Eintopf.

Die einzige Möglichkeit, ihn zu zähmen, ist, ihm Brot und Käse anzubieten. Dann kann er eine große Hilfe sein, denn er ist stark wie ein Ochse.

Der Familiar, ein weiterer ibizenkischer Hausgeist, wurde in einer dunklen Flasche aufbewahrt. Dort überlebte er Jahrhunderte, bis ein neugieriger Mensch die Flasche öffnete. Seit er dann in einer Rauchwolke herauskam, fragt er ununterbrochen: Feina oder Menjar? – Arbeit oder Essen? Man kann ihn nur zum Schweigen bringen, wenn man ihm eines von beiden gibt. Das Problem: Er isst gewaltige Mengen, ganze Viehherden, und arbeiten kann er in Windeseile; so errichtet er ganze Häuser in Sekunden. Deshalb muss man sich ganz knifflige Aufgaben für ihn ausdenken, z. B. dem Haushund unter der laufenden Dusche mit einem Handtuch das Fell trocknen.

Der Follet ist ein guter Schutzgeist mit übernatürlichen Kräften. Derjenige, der einen Follet besaß, war ein gemachter Mann, denn er konnte mit Hilfe des Geistes zu jeder Zeit eine andere Gestalt annehmen und sogar davonfliegen. Und derjenige, der keinen Follet hatte, konnte sich nur noch mit einer Flasche Hierbas trösten!

Das Fest muss allerdings vor Mitternacht beendet sein, denn dann beginnt der Tag Allerseelen. An diesem Tag darf nicht sauber gemacht werden, vor allem dürfen keine Schalen weggefegt werden, denn das würde Hunger im nächsten Jahr bedeuten.

Bei all diesen Vergnügungen mit den Rondalles dürfen die in Öl gebackenen `Bunuelos` und die `Panallets` nicht fehlen.

Süße Kartoffelkringel

Bunuelos
Bunyols

Zutaten:
500 g Pellkartoffeln
250 g Mehl
Wasser
2 TL Backpulver

Zubereitung:
Die Pellkartoffeln durch ein Sieb passieren. Etwas Wasser dazugeben, damit das Ganze zähflüssig wird, und gut vermengen. Mehl und Backpulver zufügen und alles mit der Hand gründlich verkneten. Einen tiefen Topf etwa 3 bis 4 cm hoch mit Olivenöl füllen und auf 180 °C erhitzen oder eine Friteuse benutzen.

Den Teig zu Kringeln formen: Beide Hände befeuchten, etwas Teig in die linke Handfläche nehmen, Daumen und Zeigefinger zu einer runden Öffnung formen und den Teig herausdrücken, bis sich eine Teigkugel bildet. Diese mit den feuchten Fingern der rechten Hand abnehmen, mit Daumen und Mittelfinger gleichzeitig ein Loch hineindrücken und in das heiße Fett gleiten lassen.

Die Bunuelos goldbraun ausbacken, auf Küchenpapier abtropfen lassen und noch warm mit Zucker und Marmelade genießen!

Allerheiligen-Plätzchen

Panellets de Todos los Santos
Panellets de Tots Sants

Zutaten:
1 kg Mandeln
1 kg Zucker
1 Zitrone, abgeriebene
  Schale davon
3 Eier
Pinienkerne, gemahlen

Zubereitung:
Die Mandeln blanchieren, die Haut entfernen, zerstoßen und mit dem Zucker und der abgeriebenen Zitronenschale mischen. Die Eier trennen. 2 Eigelbe hinzufügen, alles gut mischen und Kugeln formen. In leicht geschlagenes Eiweiß tauchen, in den Pinienkernen wälzen, mit 1 Eigelb bestreichen und auf ein gefettetes Backblech legen. Bei 180 °C im vorgeheizten Ofen 15 bis 20 Minuten backen.

Matanza

Das größte Fest des Winters ist jedoch das Schlachtfest „Matanza". Es findet ab November statt.

„The sweetest sound to an Ibicenco is he sqeating of the pig with his throat cut at Matanza time…"
    Elliot Harold Paul, amerikanischer Schriftsteller,
    lebte von 1932 bis 1936 auf Ibiza

Früher war die Matanza ein besonders wichtiges Ereignis für jede ibizenkische Familie, die auf dem Land lebte: Irgendwann zwischen November und Januar wurde das Schwein getötet, das das ganze Jahr über gemästet worden war. Und immer noch gibt es einige Familien, für die die Matanza ein besonderer Tag ist.

Früh am Morgen steht man auf und bereitet alles für das Schlachtfest vor. Nachbarn und Freunde kommen, um zu helfen, denn die Arbeit kann nicht von einer Familie allein erledigt werden. Gleichzeitig bietet sich auch die Gelegenheit, Nachbarn aus dem weiteren Umkreis wiederzusehen und Klatsch und Neuigkeiten auszutauschen.

Zunächst genießt man aber gemeinsam ein kräftiges Frühstück mit eingelegten „Gerrets" – ein einheimischer Fisch, der zur Familie der Sardinen gehört und den man alternativ durch Sprotten ersetzen kann.

Schlachtfestfische

Caramel de matances
Gerret de matances

Zutaten:
200 g Gerrets (Sprotten)
  pro Person
Knoblauchzehen nach
  Geschmack
1 Handvoll Petersilie
1 Zitrone
etwas Olivenöl

Dieses Gericht wird schon am Vortag des Schlachtfestes vorbereitet.

Zubereitung:
Die Fische ausnehmen und die Schuppen entfernen, die Fische salzen und panieren. Öl in einer Pfanne erhitzen und die Fische von beiden Seiten braten.

Für eine Picada einige Knoblauchzehen und eine Handvoll Petersilie mit Salz und Paprika in einem Mörser zerstoßen. Zitronensaft und einen Schuss Öl dazu geben, bis eine Paste entsteht.

Abwechselnd Fisch und Picada in eine Schüssel schichten und am nächsten Tag kalt essen.

Nach der kleinen Stärkung mit dem Fisch wird das Schwein aus dem Stall geholt und seine Vorderläufe zusammengebunden. So kommt es auf die Schlachtbank, wo ihm die Kehle durchschnitten wird. Nun brennt man die Borsten ab und reinigt es gründlich mit Wasser. Von der Schulter aus wird es geöffnet und der Speck entfernt. Das blutige Fleisch und die Innereien werden für Blutwürste (Butifarra) verwendet, das saubere Fleisch, um Paprikastreichwürste (Sobrassada) herzustellen. Die Knochen werden in Salz eingelegt und später mit Kohl gekocht.

Die Ausbeute ist beeindruckend; fast nichts wird weggeworfen: Jeder Tropfen Blut, jedes Stück Fleisch, Fett und Gedärme des geschlachteten Tieres werden verwendet, selbst die Ohren kommen noch in die Suppe.

Der Schlachttag ist mit viel Arbeit verbunden, da man Fleisch für ein ganzes Jahr vorbereitet. Zugleich ist er aber auch ein Tag, an dem alle gut gestimmt sind, da für viele Monate der Bedarf an Fleisch für die Familie gesichert ist.

Wenn die Arbeit getan ist, isst man gemeinsam; das kann sehr spät sein! Schnell stellt man Tische und Bänke hin und trägt das Abendessen auf. Zunächst wird der Schlachtfestreis gebracht, dann das Fleisch mit den Innereien. Früher wurde alles auf mehreren großen Tellern serviert, von denen je drei oder vier Leute aßen.

Schlachtfestreis

Arroz de matanzas
Arròs de matances

Zutaten:
Brühe:
1 Huhn
½ Hähnchen
Mineralwasser
Salz

Picada:
1 Hühnerleber
1 Pfefferschote
½ grüne Paprikaschote
1 reife Tomate
1 Handvoll Petersilie
2 Knoblauchzehen
Olivenöl
Salz
Pfeffer
Safran

Reis:
1 Tasse Reis pro Person
300 ml Brühe für jede
  Tasse Reis
200 g Schweinerippe
100 g Schweinefilet
100 g Schweinelende
200 g Pilze
Olivenöl
Salz
Pfeffer

Zubereitung:
Für die Brühe einen Topf mit Wasser füllen und aufkochen lassen. Zuerst das Huhn und 30 Minuten später das Hähnchen hineinlegen und 15 Minuten weiter köcheln lassen. Beiseitestellen und ruhen lassen. Wenn die Brühe abgekühlt ist, durch ein Sieb passieren.

Für die Picada die Paprika-, die Pfefferschote und die Leber klein schneiden und braten. Aus der Pfanne nehmen und beiseitestellen. Das Öl aufheben. Die Knoblauchzehen, die Petersilie und den Safran im Mörser zerstoßen. Die Paprika, die Pfefferschote und die Leber sowie die gehäuteten, zerkleinerten Tomate dazugeben, mit Olivenöl anrühren und gut mischen.

Die Pilze in dem Öl der Picada leicht anbraten und beiseitestellen. Das Fleisch zerkleinern und in demselben Öl braten. Die Picada zufügen und gründlich mit dem Fleisch verrühren.

Wenn das Fleisch gar ist, herausnehmen und warm stellen.

Den Reis in derselben Pfanne leicht anbraten, Brühe dazugießen und aufkochen, würzen und bei mittlerer Hitze etwa 10 Minuten köcheln lassen. 5 Minuten vor Ende der Garzeit die Pilze dazugeben.

Schlachtfestreis (II)

Arroz de matanzas (II)
Arròs de matances (II)

Zutaten:
1 Zunge vom Schwein
1 kg Rippchen
1 Leber vom Schwein
1 Zwiebel
2 Knoblauchzehen
2 EL Öl
1 Glas Weißwein
4 Tassen Wasser
2 Tassen Reis
1 Handvoll Petersilie
Salz
Pfeffer

Zubereitung:
Die Zunge in reichlich Salzwasser kochen, herausnehmen, die Haut abziehen und die Zunge in dicke Stücke schneiden.

Die Rippchen mit Salz und Pfeffer einreiben und in Scheiben schneiden, ebenso die Leber.

Die gewürfelte Zwiebel und den gehackten Knoblauch in Öl anbraten und die Rippchen zugeben. Wenn sie goldbraun sind, mit Wein ablöschen, salzen und pfeffern. 1 Tasse kochendes Wasser dazugießen. Die Zunge und die Leber zufügen und bei schwacher Hitze kochen. Wenn das Fleisch gar ist, aus dem Topf nehmen und zugedeckt im Ofen warm stellen.

Den Reis mit der Sauce im Topf vermischen und 3 Tassen kochendes Wasser zugießen. Eventuell nachsalzen. Bei schwacher Hitze köcheln, bis der Reis gar ist. Auf einer Platte anrichten und das Fleisch darauflegen. Mit gehackter Petersilie bestreuen.

Schlachtpfanne

Frita de matanzas
Frita de matances

Zutaten:
500 g Schweinelende
300 g Schweinerippchen
200 g Schweineleber
200 g Schweinespeck
2 rote Paprikaschoten
einige Blutreizker
4 Lorbeerblätter
1 Knoblauchknolle
1 El Schweineschmalz
½ Glas Olivenöl
Salz
Pfeffer
1 kg Kartoffeln, gebraten

Zubereitung:
Die Rippchen und den Speck in Stücke, die Lende und die Leber in dünne Filets schneiden. In einer Pfanne Öl und Schweineschmalz erhitzen und den Speck und die Rippchen mit den Knoblauchzehen goldgelb anbraten. Die Lenden- und Leberfilets zugeben, dann die Lorbeerblätter, die in Stücke gerissenen Paprikaschoten und die Pilze. Nach Geschmack würzen und die vorher gebratenen Kartoffeln dazugeben. Etwas ziehen lassen, gelegentlich umrühren.

Schlachtfestsuppe

Sopa de matanzas
Sopes de matances

Zutaten:
175 g Brot, in Scheiben
 geschnitten
175 g Schweinelende
4 Knoblauchzehen
100 g Schweinebauch
100 g Butifarra
100 g Sobrassada
2 Zwiebeln
200 g Pilze
1 Kohl
1 rote Paprikaschote
3 Tomaten
Olivenöl
1 Handvoll Petersilie
Paprikapulver, süß
Pfeffer
Salz

Zubereitung:
Schweinelende und -bauch in Stücke schneiden und mit Salz und Pfeffer würzen.

Das Öl in einem Topf erhitzen und den gehackten Knoblauch darin anbraten. Kurz wenden und das Fleisch und die klein geschnittenen Zwiebeln zufügen. Wieder wenden und bei niedriger Hitze schmoren lassen, bis das Fleisch gar ist. Dann die klein geschnittene Butifarra und die Sobrassada, die Pilze, die in Würfel geschnittenen Tomaten und die gehackte Petersilie in den Topf geben. Weiter schmoren lassen, danach die in Streifen geschnittene Paprikaschote und den zerkleinerten Kohl zufügen und alles gut miteinander vermischen. Wasser in den Topf gießen und köcheln lassen, bis der Kohl weich ist, allerdings noch etwas Biss hat. Dann den Kohl herausheben, das Brot in die Brühe legen und etwas ziehen lassen. Den Kohl auf dem Brot verteilen und mit Olivenöl beträufeln.

DIE REZEPTE

PROBIERHÄPPCHEN

Entremesos
Entremeses

Wer kennt nicht die Bars, in denen man meist im Stehen köstliche Kleinigkeiten einnimmt und wo `Jamon Serrano`, der köstliche Schinken, oder hausgemachte Würste von den Decken hängen?

Als Snack oder Vorspeise werden auf Ibiza oft `Tapas` (kat. Tapes) gereicht, also Kleinigkeiten wie Appetithäppchen oder Snacks. In einigen Lokalen haben sie allerdings schon die Größe einer Hauptmahlzeit erreicht. Am besten schaut man in Gastwirtschaften, in denen Arbeiter essen. Dort gibt es zwar keine dreisprachigen Speisekarten, dafür aber einen ewig laufenden Fernsehapparat. Meist stehen die Speisen in Tonschüsseln auf der Theke: `Caracoles` (Schnecken), `Gambas al Aioli` (Knoblauchgarnelen), `Albondigas` (Fleischbällchen) und, und, und. Es gibt eine unüberschaubare Anzahl von Tapas, die sich regional unterscheiden.

Tapas gibt es in ganz Spanien – sie sind nicht inseltypisch. Aber Ibiza feiert sogar ein Tapa-Festival! Dutzende Bars stellen dann ihr Können unter Beweis, und die Besucher des Festivals können an zwei Tagen nach Herzenslust Tapas probieren und beurteilen. Am Ende wird von einer Jury der „Tapa-König" von Sant Antoni gewählt.

Woher kommen die Tapas, und seit wann gibt es sie?

Über den Ursprung der Tapas gibt es zahlreiche Legenden. Eine aus dem 15. Jahrhundert erzählt z. B., dass Königin Isabella und König Ferdinand die Verfügung erlassen haben sollen, Wein nur noch in Verbindung mit einer Speise zu servieren, da sich die Unfälle bei den Fuhrleuten auf Grund von Trunkenheit stark erhöht hatten. Das Essen sollte die Wirkung des Alkohols mindern.

Eine andere Legende erzählt, dass König Alfons X. von Kastilien während einer Krankheit gezwungen gewesen sein soll, zwischen den Mahlzeiten Wein und kleine Häppchen zu sich zu nehmen. Nach der Genesung habe er veranlasst, künftig Wein nur noch in Verbindung mit einer kleinen Mahlzeit zu servieren.

Möglicherweise geht die Geschichte der Tapas auch auf die Mauren zurück, die nicht nur architektonisch, sondern auch kulinarisch Spuren hinterlassen haben. In ihrer Heimat ist bis heute das Auftischen von vielerlei kleinen Leckerbissen ein Zeichen kultivierter Gastfreundschaft.

Als gesichert gilt, dass man Trinkgläser abdeckte, um alkoholische Getränke vor Fliegen oder Staub zu schützen. Damit der Wind diese Deckel nicht gleich wieder davonwehte, wurden Oliven, eine Scheibe Schinken, ein Stück Käse oder auch nur ein Stück Brot als Gewicht daraufgelegt. Daraus entwickelten sich mit der Zeit verschiedene Köstlichkeiten, die als Tapas (span. Tapa: Deckel/Abdeckung) bekannt wurden.

Tomatenbrot

Pan con tomate
Pa amb tomaquet

Zutaten:
Brotscheiben
Tomatenhälften
Knoblauch
Olivenöl
Meersalz

Zubereitung:
Die Oberfläche des gerösteten Brotes wird zuerst mit einer Knoblauchzehe abgerieben, dann mit einer längs halbierten Tomate. Der Tomatensaft muss in das Brot einziehen. Schließlich tröpfelt man Olivenöl auf das Brot und streut etwas Salz darüber.

Das schmeckt besonders gut mit herzhaftem Bauernbrot. Typisch ist das große runde Bauernbrot, das sich auf Grund seines Anteils an Roggenmehl und wegen der stark gebackenen Kruste bis zu drei Tagen frisch hält. Die Tomaten sollten reif und dunkelrot sein. In katalanischen Läden erhält man sie sortiert nach Brot- und Salattomaten.

Brot mit Öl und Salz

Pan con aceite y sal
Pa amb oli i sal

Zutaten:
Brotscheiben
Olivenöl
Meersalz

Zubereitung:
Eine Scheibe Brot mit einigen Tropfen Olivenöl beträufeln und salzen.

Geerntete Mandeln

Geröstete Mandeln

Almendras tostadas
Ametlles senceres

Zutaten:
Mandeln
Eiweiß
Meersalz

Zubereitung:
Ungeschälte Mandeln auf einem Backblech verteilen und bei 170 °C etwa 20 Minuten rösten. Abkühlen lassen und beiseitestellen.

Eiweiß steif schlagen, die Mandeln und Salz hinzugeben und miteinander vermischen; die Mandeln müssen gut mit der Eiweißmischung überzogen sein. Die Mandeln zurück auf das Backblech legen, dass sie sich nicht berühren. Erneut für 5 Minuten in den Backofen schieben. Sie schmecken warm und kalt!

Über Schnecken

Die ibizenkischen `Caracoles` sind sehr beliebt. Sie scheinen aufgrund ihrer Ernährung mit vielen aromatischen Kräutern einen besonders guten Geschmack zu haben.

Dem Volksglauben zufolge besitzen sie sogar eine medizinische Wirkung. Lebendig in der Schale zerschlagen und als Verband aufgelegt sollen sie Entzündungen und Schwellungen heilen.

Echte Kenner schätzen besonders die Schnecken, die im Dezember und Januar gesammelt werden, da sie einen sogenannten Winterschlaf halten. Auf Grund ihres dann ruhenden Darmtrakts muss man sie nicht umständlich säubern. Sommerschnecken gelten wegen ihres gut gefüllten Darmtrakts als schwer verdaulich.

Muss man den Verdauungstrakt reinigen, geht man so vor: Man hebt die Schnecken einige Tage in einem zugedeckten Korb auf und ernährt sie nur mit Mehl. Bevor man sie zubereitet, wäscht man sie mit viel Salzwasser und Essig. Das Wasser sollte mehrmals gewechselt und die Schnecken zum Schluss mit heißem Wasser abgebrüht werden.

Schnecken mit Aioli

Caracoles con aioli
Caragols amb allioli

Zutaten:
2 kg Schnecken
Öl
1 Zwiebel
1 Tomate
Knoblauch
Petersilie
1 Lorbeerblatt
Fenchelzweige
2 Pfefferschoten
Salz
Pfeffer

Zubereitung:
Die gereinigten Schnecken werden mit den Kräutern gekocht. In einer Pfanne die gehackten Knoblauchzehen, Zwiebelwürfel, die Tomate und Petersilie anbraten und 1 Lorbeerblatt, Fenchelzweige und die Pfefferschoten dazugeben. Die Schnecken hinzufügen und mit Wasser bedecken. So lange köcheln lassen, bis die Sauce zur Hälfte eingekocht ist. Mit Salz und Pfeffer abschmecken.
Mit Aioli servieren.

Geschmorte Schnecken

Caracoles sofritos
Caragols sofregits

Zutaten:
Schnecken
1 Zwiebel
2 Tomaten
3 Knoblauchzehen
1 Nelke
1 Pfefferschote
Fenchelkraut
Majoran
Minze
Thymian
Petersilie
Olivenöl
225 ml Weißwein
Salz
Pfeffer

Zubereitung:
Über Nacht die Schnecken in einen Topf legen, damit sie sich entleeren. Der Deckel des Topfes muss unbedingt beschwert werden, sonst sind sie am nächsten Morgen weg!

Dann die Schnecken mit Salz und Wasser waschen. Den Boden eines Tontopfes mit frischem Fenchelkraut, Majoran, Minze und Thymian auslegen. Die Schnecken darauf verteilen und mit kaltem Wasser bedecken. Ganz langsam bei kleiner Flamme erwärmen, sonst ziehen sich die Schnecken in ihr Haus zurück, und man bekommt sie nicht mehr heraus. Salzen und etwa 45 Minuten köcheln lassen.

In der Zwischenzeit die Zwiebel, die Tomaten und die Knoblauchzehen klein hacken. Die Schnecken aus dem Tontopf nehmen und abtropfen lassen. Olivenöl im Tontopf erhitzen und die Zwiebel glasig dünsten. Die Tomaten und den Knoblauch, die Pfefferschote und die Nelke hinzugeben und einkochen lassen. Zuletzt die Schnecken mit dem Weißwein und reichlich Petersilie in den Topf geben und aufkochen lassen. Mit Pfeffer und Salz abschmecken.

Schneckenpfanne

Guiso de caracoles
Guisat de caragols

Zutaten:
2 kg Schnecken
1 Zwiebel
1 Tomate
Knoblauch
1 Handvoll Mandeln
1 Handvoll Erbsen
Kartoffeln
Kräuter (Fenchel, Minze,
  Majoran, Oregano,
  Thymian, Rosmarin
1 Stk. Sobrassada
1 Stk. Butifarra
Petersilie
Öl
1 Lorbeerblatt
Paprikapulver
Pfeffer
2 Nelken
2 Pfefferschoten
Salz

Zubereitung:
In einem Topf Wasser zum Kochen bringen und Kräuter dazugeben: Fenchel, Minze, Majoran, Oregano, Thymian und Rosmarin. Die gereinigten Schnecken hinzufügen.

In einer Pfanne die halbierte Tomate, die gehackte Zwiebel, Knoblauch und Petersilie, die Sobrassada und die Butifarra anbraten. Wenn die Schnecken gar sind, sie abtropfen lassen und ebenfalls in die Pfanne geben. Mit Wasser bedecken und mit Salz, dem Lorbeerblatt, Pfeffer, Paprika, Nelken und Pfefferschoten würzen. Die Mandeln rösten, mit einem Mörser zerstoßen und mit den Erbsen zufügen. So lange kochen, bis die Sauce hell wird.

Die Schnecken werden zum Essen mit einem Zahnstocher aus ihrem Gehäuse geholt.

Hackfleischbällchen

Albondigas
Mandunguilles

Zutaten:
400 g Hackfleisch, gemischt
100 g Datteln
60 g Mandelstifte
100 g Zwiebeln
2 Knoblauchzehen
1 Chilischote
4 EL Olivenöl
1 Ei
1 EL Senf
1 Zitrone, abgeriebene
  Schale davon
Salz
Pfeffer

Zubereitung:
Die Mandeln in einer Pfanne ohne Fett rösten und in eine Schüssel umfüllen. Die Zwiebeln, die Chilischote und den Knoblauch fein hacken und in Öl andünsten. Zu den Mandeln geben. Die Datteln entkernen, fein würfeln, mit dem Hackfleisch und dem Ei zu der Mandelmischung geben, verkneten und mit Zitronenschale, Salz und Pfeffer würzen. Kleine Bällchen aus dem Teig formen und in einer Pfanne braten.

Hackfleischbällchen (II)

Albondigas (II)
Mandunguilles (II)

Zutaten:
180 g Reis
Safran
600 g Hackfleisch, gemischt
3 Knoblauchzehen
1 Chilischote
1 Ei
1 TL Fenchelsaat
Olivenöl
250 g Zwiebeln
2 Lorbeerblätter
5 Thymianzweige
6 Tomaten (oder 1 Dose)
1 EL Zucker
Pfeffer
Salz

Zubereitung:
Den Reis mit Safran und 1 Prise Salz kochen, bis das Wasser aufgesogen ist. Abkühlen lassen.

1 Knoblauchzehe pressen, die Chilischote zerkleinern und mit dem Hackfleisch, dem Ei, der Fenchelsaat und dem Reis mischen. Aus der Masse etwa 30 Bällchen formen.

Die gehackten Zwiebeln und 2 in Scheiben geschnittene Knoblauchzehen in einem Schmortopf glasig dünsten, die Lorbeerblätter und den Thymian zugeben und weitere 2 Minuten dünsten. Die Tomaten und etwas Zucker zufügen, aufkochen lassen, salzen und pfeffern. Die Bällchen hineinlegen und 5 Minuten zugedeckt kochen, dann weitere 15 Minuten köcheln lassen. Kalt servieren!

Artischockenherzen mit Serrano-Schinken

Corazones de alcochofa con jamon serrano
Carxofes amb pernil serrà

Zutaten:
200 g Serrano-Schinken
3 Dosen Artischockenherzen
1 Zwiebel
3 EL Olivenöl
1 Knoblauchzehe
1 grüne Paprikaschote
1 Zweig Thymian
200 ml Sherry, trocken
1 EL Sherryessig
1 Msp. Cayennepfeffer
Salz
Pfeffer

Zubereitung:
Die Artischockenherzen abtropfen lassen. Die Zwiebel und die Paprika in Würfel schneiden und in Olivenöl andünsten. Den Knoblauch pressen und dazugeben. Mit Salz, Pfeffer und Cayennepfeffer würzen und den Thymianzweig hinzufügen. Den Sherry und den Sherryessig angießen. Aufkochen lassen und die Artischockenherzen darin 15 Minuten ziehen lassen.

Den Serrano-Schinken in Streifen schneiden und zum Schluss untermischen.

Maurische Spießchen

Pinchitos morunos
Punxes moruns

Zutaten:
450 g Hühnerfleisch
2 Knoblauchzehen
1 TL Currypulver
½ TL Koriandersamen
1 TL Paprikapulver
½ TL Thymian
3 EL Olivenöl
1 EL Zitronensaft
Pfeffer
2 TL Salz

Zubereitung:
Den Knoblauch mit dem Salz in einem Mörser zerdrücken. Currypulver, Koriandersamen, Paprikapulver, Thymian, Pfeffer, Olivenöl und Zitronensaft mit dem Knoblauch vermischen und beiseitestellen.

Das Fleisch in gleichmäßige Würfel schneiden. Je 4 Fleischwürfel auf einen Holzspieß stecken und auf einem flachen Teller in der Marinade wenden. Einige Stunden ziehen lassen.

Dann die Spieße nebeneinander auf dem Backblech unter dem Grill von jeder Seite 3 Minuten grillen, bis das Fleisch gar ist.

Gegrillte Gambas mit Serranoschinken

Gambas a la plancha con jamon serrano
Gambes amb pernil serrà

Zutaten:
12 Garnelen mit Schale, gekocht
12 Scheiben Serrano-Schinken, dünn geschnitten
Olivenöl
Pfeffer

Zubereitung:
Die Garnelen schälen, aber die Schwänze dranlassen! Den Serranoschinken in dicke Streifen schneiden. Jede Garnele in einen Streifen Serrano-Schinken hüllen, dabei am Kopfende beginnen und den Schinken spiralförmig bis zum Schwanzende wickeln. Mit Zahnstochern fixieren. Mit Olivenöl bestreichen und im vorgeheizten Ofen bei 230 °C etwa 8 Minuten backen.

Gambas auf maurische Art

Gambas al morunos
Gambes moruns

Zutaten:
Garnelen
4 EL Olivenöl
4 Knoblauchzehen
1 Chilischote
4 Datteln
3 TL Honig
Petersilie
Paprika
Kreuzkümmel
3 EL Sherry

Zubereitung:
Die Garnelen in einer feuerfesten Form in das Olivenöl legen. Den Knoblauch und die Datteln in feine Scheiben schneiden und dazugeben. Mit etwas Kreuzkümmel bestreuen. Die Chilischote anritzen und in die Mitte legen. Den Sherry hinzufügen, mit etwas Paprika bestreuen und den Honig darüberlaufen lassen.

Bei 200 °C für 30 Minuten in den Ofen schieben.

Garnelen in der Schale

Knoblauchgarnelen

Gambas al aioli
Gambes amb allioli

Zutaten:
500 g Garnelen
¼ L Olivenöl
2 rote Chilischoten, getrocknet
5 Knoblauchzehen
Petersilie
Salz

Zubereitung:
Das Olivenöl in einer Pfanne erhitzen. Die Knoblauchzehen und die Chilischoten fein würfeln und zufügen. Die Garnelen aus der Schale lösen und die Därme entfernen. Die Garnelen waschen, trocken tupfen und, sobald der Knoblauch gebräunt ist, dazugeben und salzen. Die gebratenen Garnelen mit dem Knoblauchöl in Tonschalen verteilen und heiß servieren.

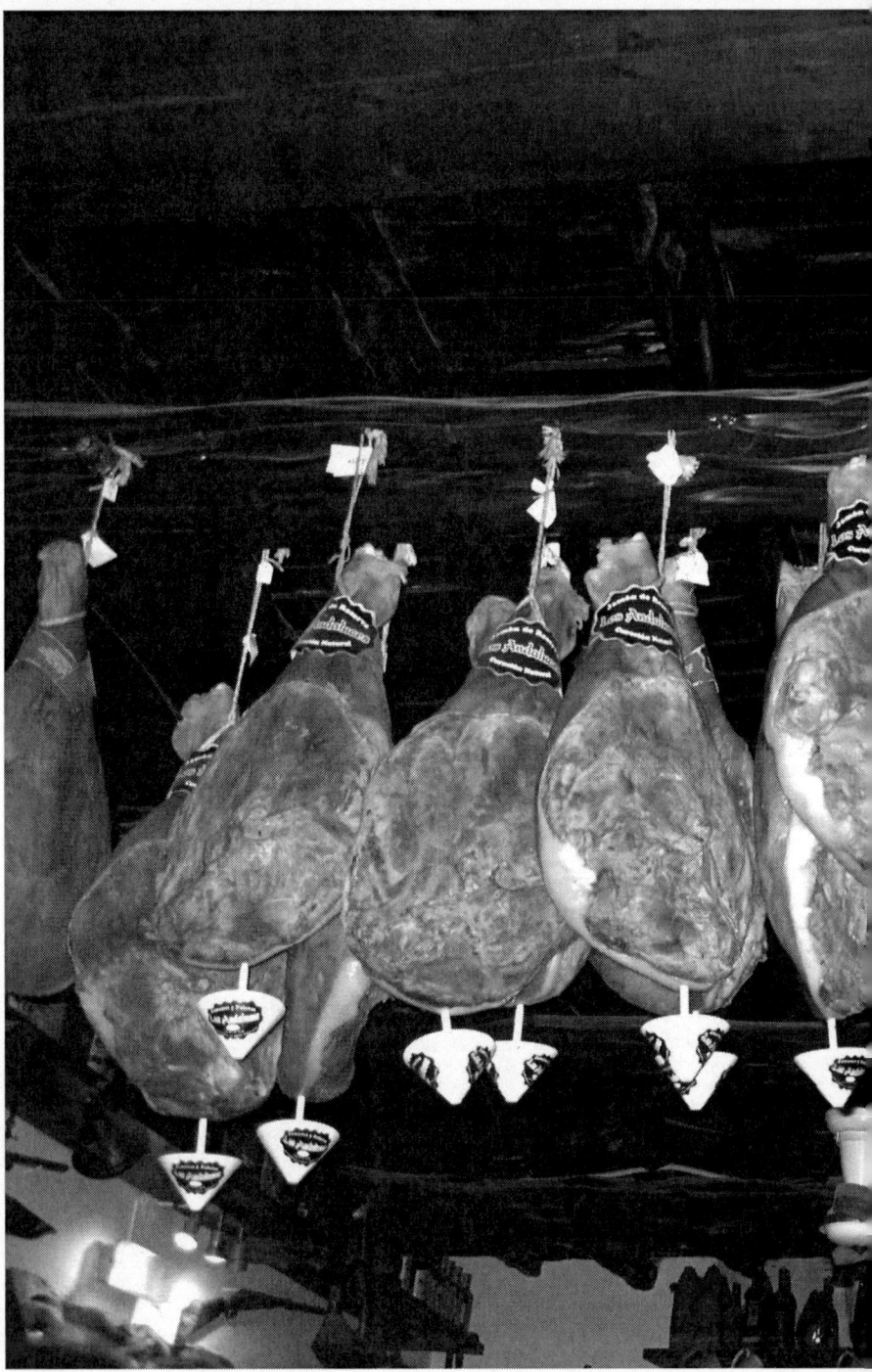

Seranoschinken an der Decke einer Bodega

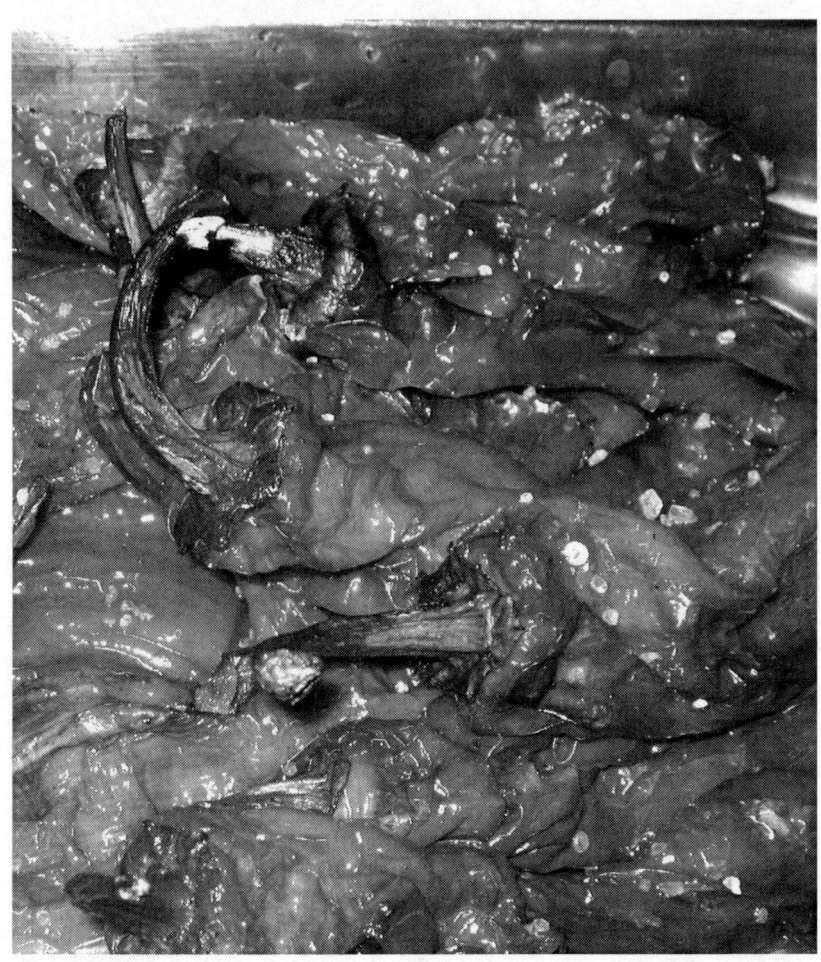

Frittierte Paprikaschoten

Piementos de padron
Pebreres

Zutaten:
Paprikaschoten
Meersalz, grob
Öl

Zubereitung:
Kleine Paprikaschoten je nach Größe etwa 2 bis
3 Minuten bei 180 °C in heißem Öl frittieren und mit
Meersalz bestreuen.

Reizker

Rovello
Pebrasso

Zutaten:
1 kg Reizker
Olivenöl
etwas Salz

Der beliebteste Speisepilz der Katalanen, der Reizker, ist sehr aromatisch. Er wächst zwischen Moos in dichten Pinienwäldern. Seine Hüte stehen auf kurzen Stämmen und werden bis zu 12 cm breit. Die Ibizenkos genießen ihn in vielen Variationen, z. B. als Tapa oder im Salat, und er eignet sich gut zum Braten und Schmoren. Am besten entfaltet er sein Aroma, wenn er natur gebraten wird.

Zubereitung:
Die Pilze putzen und die Stiele abschneiden; am besten nur durch leichtes Klopfen die Erde abschütteln und mit einem Tuch abtupfen. Wenn man sie mit Wasser reinigt, verlieren sie leicht ihren Geschmack. In einer Pfanne Öl erhitzen und die Pilze mit den Lamellen nach oben anbraten, wenden, die andere Seite braten und salzen.

Reizker mit Sobrassada

Rovellos con sobrassada
Pebressoc amb sobrassada

Zutaten:
Reizker
Sobrassada
Olivenöl
Knoblauch
Petersilie
Salz
Pfeffer

Zubereitung:
Zunächst eine Picada zubereiten, dazu Knoblauch und Petersilie mit Salz im Mörser zerdrücken. Einen Schuss Öl hinzufügen.

Die Pilze mit dem Stiel nach oben auf den Grill legen und jeden Pilz mit Sobrassada und der Picada bedecken, dann grillen.

Wurst auf Ibiza – Embutidos

Sobrassada

Aufgrund der Hitze war die Verderblichkeit der Lebensmittel für die Inselbewohner stets ein großes Problem.

Wie machte man also Fleisch haltbar, als es noch keine Kühlschränke gab? Eine Möglichkeit war die Konservierung mit Pulver aus heimischen Paprikaschoten, die oft auch heute noch so gehandhabt wird: Rohes Schweinehackfleisch wird mit viel süßem Paprikapulver gewürzt, in Schweinedärme gefüllt und 12 bis 15 Wochen in Kellern getrocknet. Es bildet sich eine Schimmelschicht auf der Außenhaut, die nicht schädlich ist.

So entstand die Sobrassada, eine rote, weiche Streichwurst, die sehr gut als Brotaufstrich schmeckt und auch als Kochwurst vielfältige Möglichkeiten bietet.

Die „echte" Sobrassada muss aus dem Fleisch von schwarzen Schweinen hergestellt sein und einen Durchmesser von etwa 4 bis 5 cm haben. Heute wird auch preiswertere Sobrassada aus dem Fleisch weißer Schweine verkauft, das maschinell zerkleinert wird. Zutaten sind scharfes Paprikapulver, Salz und schwarzer Pfeffer. Das Mett wird maschinell gerührt, nach 1 Stunde ebenfalls maschinell in

Därme gefüllt und mit einer Schnur abgebunden. In Trockenräumen verkürzen gleichmäßige Temperatur und Feuchtigkeit den Trocknungsprozess auf sieben Wochen. Die Sobrassada, die in solchen klimatisierten Räumen reift, hat eine reine, rote Außenhaut.

Botifarra (Butifarra)

Bei der schwarzen Butifarra werden dem Fleisch Blut und Zimt beigemischt. Der Hausherr bestimmt den richtigen Geschmack, indem er von der Wurstmischung ein Stück abnimmt, es brät, zufrieden ist oder nachwürzt. Das ist ein richtiges Ritual! Die Butifarra wird roh luftgetrocknet und anschließend kühl aufbewahrt.

In manchen Landgasthäusern wird die Blutwurst vorweg mit Brot und Oliven serviert, sie schmeckt aber auch gegrillt ausgezeichnet. Häufig findet man sie in Bohnengerichten.

Chorizo

Chorizo ist keine typische ibizenkische Wurst, man findet sie in ganz Spanien. Diese feste, rote Paprikawurst wird als Brotbelag oder gegrillt als Bratwurst gegessen.

Alle diese Wurstsorten werden sehr oft in den klassischen Eintopfgerichten der Insel verwendet!

Paprikawurst in Rotwein

Chorizo con vino tinto
Chorizo amb vi negre

Zutaten:
250 g Chorizo, luftgetrocknet
½ L Rotwein
1 EL glatte Petersilie

Zubereitung:
Die Chorizo in 1 cm breite Streifen schneiden und in eine feuerfeste Form legen. Den Ofen auf 200 °C vorheizen, den Rotwein über die Chorizo-Scheiben gießen und für 15 bis 20 Minuten in den Ofen geben. Dann den Rotwein abgießen und die Chorizo-Scheiben mit der gehackten Petersilie bestreuen.

Geröstetes Brot mit Sobrassada

Pan tostado con sobrassada
Pa amb sobrassada

Zutaten:
Landbrot
Sobrassada

Zubereitung:
In Scheiben geschnittenes Landbrot mit Sobrassada belegen und im Ofen bei 180 °C 10 bis 15 Minuten rösten.

Eingelegte Sardellen

Boquerones en vinagre
Seitons

Zutaten:
500 g frische Sardellenfilets
80 ml Weißweinessig
6 Knoblauchzehen
1 Bund Petersilie
100 ml Olivenöl
Salz
Pfeffer

Zubereitung:
Die Sardellen an der Bauchseite aufschneiden und die Hauptgräte mit dem Kopf entfernen. Die Filets 10 Minuten wässern, mit Küchenpapier abtrocknen und der Länge nach halbieren. Nebeneinander in eine Schale legen und mit dem Essig begießen. So viel Wasser zufügen, bis die Sardellen bedeckt sind. Mit Klarsichtfolie abdecken und über Nacht im Kühlschrank marinieren. Am nächsten Tag die Filets aus der Marinade nehmen, abtropfen lassen, auf einer Platte anrichten und mit dem Knoblauch, Salz und Pfeffer würzen. Mit gehackter Petersilie bestreuen und mit Olivenöl begießen. 1 Stunde durchziehen lassen.

Sardellen nach Art von Margareta

Boquerones de Margareta
Seitons de Margareta

Zutaten:
500 g frische Sardellenfilets
Olivenöl
Meersalz

Zubereitung:
Ungesäuberte frische Sardellen mit viel Meersalz in ein Gefäß schichten. Am folgenden Tag das Wasser, das sich gebildet hat, abgießen. Weitere 4 Tage mit dem Salz stehen lassen, dann mit Wasser abspülen und filetieren. In einen Glaskrug geben und mit Olivenöl bedecken. Nochmals 4 Tage stehen lassen.

Überbackenes Brot

Pan gratinado
Pa crostes

Zutaten:
300 g Frischkäse vom Schaf
10 EL Weißwein
3 Knoblauchzehen
1 TL Oregano
4 Brotscheiben
2 EL Olivenöl
1 Eigelb
2 EL Petersilie
Salz
Pfeffer

Zubereitung:
Den Frischkäse durch ein großes Sieb streichen, mit dem Wein und dem Eigelb verrühren. Salz, Pfeffer, die zerdrückten Knoblauchzehen und den Oregano untermischen. Die Brotscheiben mit Öl beträufeln und mit der Käsemischung bestreichen. Im vorgeheizten Backofen bei 250 °C 3 Minuten lang überbacken. Mit gehackter Petersilie bestreuen.

Überbackenes Brot mit Ziegenkäse

Pan gratinado con queso de cabra
Pa crostes amb formatge

Zutaten:
Weißbrotscheiben
Ziegenkäse, gerieben
Tomaten
Olivenöl
Salz
Pfeffer

Zubereitung:
Auf die Weißbrotschreiben etwas Olivenöl träufeln. Die Tomaten klein würfeln und mit Salz und Pfeffer würzen. Diese Mischung auf die Brotscheiben geben, darauf den Ziegenkäse verteilen und im Backofen überbacken, bis der Käse beginnt zu verlaufen.

Eingelegter Manchego

Queso de Manchego
Formatge de Manchego

Zutaten:
1 kg Schafskäse (Manchego)
4 Zweige Rosmarin
4 Zweige Thymian
4 EL schwarzer Pfeffer,
   geschrotet
4 rote Chilischoten, entkernt
8 Knoblauchzehen
4 TL abgeriebene Zitronenschale, unbehandelt

Zubereitung:
Den Käse würfeln, die Chilis und den Knoblauch in dünne Scheiben schneiden und gleichmäßig auf 4 Gläser verteilen. In jedes Glas 1 Esslöffel Pfeffer geben, dazu je 1 Zweig Rosmarin und Thymian. Kräftig schütteln und mit Olivenöl auffüllen, der Inhalt muss bedeckt sein. Zum Schluss die abgeriebene Zitronenschale zufügen.

Die Gläser fest verschließen und etwa 10 Tage im Dunklen ziehen lassen.

Eingelegter Schafskäse

Queso de oveja aliado
Formatge d´ovella aliat

Zutaten:
frischer Schafskäse
Olivenöl
Zwiebeln
Knoblauchzehen
frischer Rosmarin
frischer Oregano
frischer Thymian
Pepperonis

Zubereitung:
Den Schafskäse in Würfel schneiden. Die grob gewürfelten Zwiebeln mit Öl, Kräutern und den halbierten Knoblauchzehen vermengen. Den Käse hineinlegen und mindestens 2 Tage ziehen lassen. Je nach Salzgehalt des Schafskäses noch Salz hinzufügen.

Mit Weißbrot oder auf Salat servieren.

Über Aioli

In den meisten ibizenkischen Restaurants bekommt der Gast vor dem Essen einen Korb mit Brot, ein Schälchen Oliven und die heiß geliebte Aioli serviert. Sie gehört einfach dazu und verkürzt die Wartezeit auf die frisch zubereiteten Gerichte.

Das Rezept dazu soll angeblich bis in das alte Rom zurückreichen: Kaiser Nero gilt als der „Erfinder" der schmackhaften Verbindung von Knoblauch und Olivenöl.

Tatsache ist, dass sie heute noch genauso beliebt ist wie eh und je und auch noch genauso zubereitet wird wie vor mehr als 2000 Jahren. Der Name setzt sich aus `All` (Knoblauch) und `Oli` (Öl) zusammen; und nur aus diesen beiden Zutaten und etwas Salz wird sie gemacht.

Aioli

Aioli
Allioli

Zutaten:
4 Knoblauchzehen, grob
   gehackt
bis zu ¼ L Olivenöl
¼ bis ½ TL Salz

Das Original:

Zubereitung:
Die Knoblauchzehen zusammen mit etwas Salz in einem Mörser zu einer glatten Masse zerstampfen. Danach ganz langsam das Öl hinzugeben, erst tropfenweise, dann in einem dünnen Strahl, und dabei ständig rühren, bis die Sauce die richtige Konsistenz angenommen hat.

Immer wieder bekommt man den Rat, dass man die Aioli immer nur in einer Richtung und ohne zu sprechen rühren soll, also nur nach rechts oder nur nach links!

Die richtige Konsistenz hat sie, wenn man den Mörser auf den Kopf stellen kann, ohne dass die Paste herausläuft!

Fahrt zur Fiesta

Aioli-Variationen...

Zutaten:
4 Knoblauchzehen
1 bis 2 Eigelb
¼ L Olivenöl
etwas Zitronensaft
½ TL Salz

Aus dieser Sauce entstanden im Laufe der Zeit verschiedene Variationen.

Die „Fälschung":

Zubereitung:
Den Knoblauch in Stücke schneiden und mit dem Salz im Mörser fein zerstampfen. Dann das Olivenöl unter ständigem Rühren einarbeiten. Eventuell mit etwas Zitronensaft abschmecken.

Zum Unterrühren des Öls kann man auch ein Handrührgerät benutzen.

Zutaten:
4 Knoblauchzehen
¼ L Olivenöl
1 Ei
1 Spritzer Zitronensaft
Salz

Aioli ganz einfach:

Zubereitung:
Alle Zutaten auf einmal in ein hohes Gefäß geben. Einen Pürierstab bis auf den Boden des Gefäßes führen und das Gerät einschalten. Nun den Stab nicht bewegen, sondern abwarten, bis sich unten eine dickliche Masse bildet, dann erst langsam auf und ab bewegen, bis die Aioli fest ist.

Diese Aioli passt als Dipp hervorragend zu Grillfleisch, Fisch und Meeresfrüchten!

SUPPEN & EINTÖPFE

Sopa y potajes
Sopa i bullit

Die Ibizenkos essen vor der Hauptmahlzeit gerne einen Teller Suppe. `Sopa` bezeichnet meist eine Suppe mit Broteinlage. Da in der inseltypischen Küche nichts weggeworfen wird, findet auf diese Weise auch noch altbackenes Brot Verwendung.

Klare Brühe mit Brot

Sopa de caldo
Sopa de brou

Zutaten:
Fleisch- oder Fischbrühe
Brot, altbacken

Zubereitung:
Hat man von einem Fleisch- oder Fischgericht Brühe übrig, gießt man diese über hart gewordenes Brot. Fertig!

Suppe mit Brot

Sopa con pan duro crujiente
Sopa amb pa crostes

Zutaten:
Brotrinde
Tomaten
Öl
Essig
Salz

Beim Brotbacken fertigten die Ibizenkos aus demselben Teig auch Rinden an, die sie länger buken, damit sie besser haltbar waren. Die Fischer waren lange unterwegs auf ihren Fangzügen, und dieses Brot nahmen sie auf ihren Reisen mit, ergänzt mit getrocknetem Fisch.

Zubereitung:
Brotrinde in Würfel schneiden, mit Wasser befeuchten und in eine Schüssel legen. Gewürfelte Tomaten hinzufügen und mit Öl, Salz und Essig gut vermengen.

Eiersuppe

Sopa de huevo
Sopa d´ous

Zutaten:
1 L Wasser
Oregano
3 Eier
1 EL ÖL
Salz
hartes Brot

Zubereitung:
Das Wasser mit Oregano zum Kochen bringen, das Öl und die mit Salz verschlagenen Eier dazugeben. Kurz köcheln lassen und das Brot in die Suppe legen.

Sommersuppe

Sopa de verano
Sopa d´estiu

Zutaten:
3 Paprikaschoten
1 Tomate
Knoblauchzehen
Petersilie
Salz
Paprikapulver
hartes Brot

Zubereitung:
Alle Zutaten zerkleinern und anbraten, mit Salz und Paprikapulver würzen und mit Wasser bedecken. Die Suppe, sobald sie kocht, in Teller füllen und das harte Brot hineinlegen.

Gemüsesuppe

Sopa de verdura
Sopa de verdura

Zutaten:
4 Weißkohlblätter
250 g wilder Spargel
Blumenkohl
250 g grüne Bohnen
2 Tomaten
1 Gemüsezwiebel
Knoblauchzehen
Olivenöl
Petersilie
1 TL Paprikapulver
hartes Brot

Zubereitung:
Den Knoblauch und die Zwiebel fein hacken und glasig dünsten. Das klein geschnittene Gemüse dazugeben. Mit 1 Liter Wasser auffüllen und würzen. Etwa 20 Minuten mit geschlossenem Deckel kochen lassen. Einen Tontopf mit dem harten Brot auslegen und die Gemüsesuppe hineingießen. Die Suppe ziehen lassen, damit das Brot die Flüssigkeit aufnimmt.

Knoblauchsuppe

Sopa de ajo
Pancuit (Sopa amb all)

Zutaten:
2–3 Knoblauchzehen
Brot
2 EL Olivenöl
1 EL Paprikapulver
1 L Brühe
Salz
Eier

Zubereitung:
Den Knoblauch fein hacken und in dem Olivenöl anrösten. Das Brot in Würfel schneiden und ebenfalls in dem Öl rösten, dann das Paprikapulver hinzufügen und die Brühe angießen. Salzen und etwa 30 Minuten köcheln lassen. Kurz vor dem Servieren 1 Ei pro Person in die kochende Suppe geben.

Wolfgang

Knoblauchsuppe nach Art von Wolfgang

Sopa ajoblanco
Sopa amb all

Zutaten:
200 g Mandeln, geschält
4 Knoblauchzehen
4 EL Milch
200 g Weißbrot ohne Rinde
¼ L Olivenöl
1 TL Essig
250 g weiße Trauben, süß
1 Prs. Salz

Zubereitung:
Das in Milch eingeweichte Brot gut ausdrücken und zusammen mit dem geschälten Knoblauch und den Mandeln pürieren. 1 Liter eiskaltes Wasser und das Öl zufügen.

Die Suppe mit Salz und Essig abschmecken und mit den halbierten und entkernten Trauben servieren.

Diese Suppe wird auch zu Weihnachten gerne serviert: Anstelle von Essig nimmt man dann 1 Esslöffel Honig!

Antonias Gazpacho

Gazpacho de Antonia
Gaspatxo de Antonia

Zutaten:
1 Handvoll frische
  Brotkrumen
Olivenöl
Essig
750 g Tomaten
1 Gurke
1 grüne Paprikaschote
Knoblauch nach Geschmack
Salz
Pfeffer

Zubereitung:
Die Brotkrumen in Olivenöl und Essig einweichen. Das zerkleinerte Gemüse im Mixer pürieren. Mit dem Brotgemisch vermengen und nochmals kurz pürieren. Sollte die Gazpacho zu dick geworden sein, mit etwas Tomatensaft verdünnen oder beim Servieren ein paar Eiswürfel in die Teller legen.

Gazpacho

Gazpacho
Gaspatxo

Zutaten:
8 Tomaten
1 Gurke
4 EL Olivenöl
1 EL Sherry
etwas Essig
Salz
Pfeffer

Beilage:
1 Paprikaschote
2 Tomaten
1 Zwiebel
Brot

Zubereitung:
Die Tomaten häuten und entkernen, die Gurke schälen und aushöhlen. Beides pürieren, Essig, Olivenöl und den Sherry dazugeben, mit Salz und Pfeffer würzen.

Für die Beilage die Zwiebeln sehr klein würfeln, die Tomaten und die Paprikaschote in kleine Stücke schneiden. Die Brotwürfel rösten. Alles separat in Schälchen füllen und nach Geschmack zur Suppe geben.

Sollte die Gazpacho zu dick sein, mit etwas kalter Hühnerbrühe auffüllen.

Ein Tipp von Christel:
Es ist ratsam, Paprikaschoten mit den Fingern zu zerstückeln; das Metall des Messers verändert ihren Geschmack.

Fischsuppe

Sopa de pescado
Sopa de peix

Zutaten:
1 kg Fisch, fest kochend
1 Tomate
1 Zwiebel
1 grüne Paprikaschote
1 rote Paprikaschote
4 Knoblauchzehen
Olivenöl
Paprikapulver
Gemüsebrühe
Zitronensaft
Salz
Pfeffer

Zubereitung:
Die Zwiebel würfeln und andünsten. Die Tomate klein schneiden, den Knoblauch in feine Scheiben schneiden und zu der Zwiebel geben. Mit etwas Paprikapulver, Salz und Pfeffer würzen. Die Paprikaschoten in feine Streifen schneiden und hinzufügen; eine kleine Menge davon zurückbehalten. Gut umrühren und mit der Brühe ablöschen. Die Paprikastreifen so lange kochen, bis sie weich sind.

Den Fisch mit Zitronensaft beträufeln, salzen, pfeffern und in Stücke teilen. Die Gemüsebrühe pürieren, die restlichen Paprikastreifen und die Fischstücke dazugeben und ziehen lassen.

Restauranteingang an der Cala Nova

Langustentopf

Caldereta de Langosta
Caldereta de llagosta

Zutaten:
2 große Langusten, gekocht
3 Zwiebeln
3 Knoblauchzehen
4 reife Tomaten,
100 ml Olivenöl
½ L Fischfond
1 Lorbeerblatt
1 Kräuterbund (Petersilie,
   Thymian und Estragon)
4 cl Brandy
Salz
Pfeffer
Weißbrotscheiben, dünn
   geschnitten
1 Handvoll Petersilie

Zubereitung:
Die Zwiebeln und den Knoblauch fein hacken und in Olivenöl dünsten. Die zerkleinerten und enthäuteten Tomaten dazugeben und schmoren lassen. Mit dem Fischfond aufgießen, mit den Kräutern und dem Lorbeerblatt, Salz, Pfeffer und dem Brandy würzen und abschmecken. Bei mittlerer Hitze einkochen lassen. Die Langusten aufbrechen und in Stücke zerteilen, dann beiseitestellen. Die Kräuter und das Lorbeerblatt entfernen. Die Langustenstücke in die Sauce einlegen und erwärmen, aber nicht mehr kochen lassen. Mit Salz und Pfeffer abschmecken.

Die Brotscheiben rösten, in tiefe Teller legen und den Eintopf darüber verteilen. Mit gehackter Petersilie bestreuen.

Über Eintopfgerichte

Da früher oft nur eine Kochstelle zur Verfügung stand, ist der Eintopf das typische Inselgericht. Es gibt ihn hauptsächlich mit Gemüse, Fisch oder Fleisch. Als Gemüse sind meist Tomaten, Kartoffeln, Zwiebeln und Saubohnen enthalten. Bei der Fleischvariante kommt Schweinefleisch, Huhn oder Lamm dazu. Damit sich die Aromen entfalten können, lässt man den Eintopf mehrere Stunden ziehen.

Saubohnen hatten früher eine besondere Bedeutung:

Jede heiratswillige Frau sammelte am Tag vor Sankt Johann getrocknete Saubohnen. Um Mitternacht, bevor sie sich schlafen legte, streute sie diese in ungeschälter und geschälter Form unter das Bett.

Am nächsten Morgen, nach dem Aufwachen, griff sie erwartungsvoll unter das Bett. War die erste Bohne, die sie fand, eine ungeschälte, bekam sie einen armen Ehemann; fand sie eine geschälte, würde der Zukünftige reich sein.

Frischer Eintopf

Olla fresca

Zutaten:
4 mittelgroße Kartoffeln
15 Birnen
1 Zwiebel
1 Tomate
1 Tasse Saubohnen, getrocknet
1 kleine Tasse weiße Bohnen, getrocknet
250 g grüne Bohnen
Knoblauch
Öl
Zimt
Safran
Salz

Die `Olla fresca` ist ein Gemüsegericht aus Bohnen, Kartoffeln und Birnen und gehört mit zu den ältesten Gerichten der Insel.

Zubereitung:
Die Zwiebel, den Knoblauch und die Tomate klein schneiden und dünsten. Die Saubohnen, die weißen Bohnen und ausreichend Wasser hinzufügen. Nach einigen Minuten die grünen Bohnen und die zerkleinerten Kartoffeln und Birnen hinzugeben. Mit Salz, Zimt und Safran abschmecken und noch einige Minuten köcheln lassen.

Kohl mit Knochen

Huesos con col
Ossos amb col

Zutaten:
Schweineknochen, gesalzen
1 Stk. Schweinebauch
1 Stk. Sobrassada (ibizen-
kische Paprikawurst)
1 Stk. Butifarra (ibizenki-
sche Blutwurst)
Kohl
Reis
Anis
Fenchel
Öl
Zitrone
Salz
Pfeffer

Zubereitung:
Am Vortag die gesalzenen Schweineknochen in Wasser legen, damit das Salz weitgehend entzogen wird, dann mehrmals mit Wasser abspülen. Am nächsten Tag die Knochen mit dem Schweinebauch, der Sobrassada, der Butifarra und mit Anis und Fenchel in frischem Wasser kochen. Mit Salz, Paprika und einem Schuss Öl abschmecken. Den zerkleinerten Kohl hinzuzufügen. Wenn auch er gar ist, einen Teil der Brühe abnehmen und darin den Reis kochen, anschließend zum Eintopf geben und nochmal mit Öl und Zitronensaft abschmecken. Kurze Zeit stehen lassen, damit alles durchziehen kann.

Verdorbener Eintopf

Olla podrida

Zutaten:
1 Stk. Schweinebauch
Schweinefleisch: Kopf,
    Ohren
1 Schweinefuß
1 Stk. Butifarra
1 Stk. Sobrassada
4 Knoblauchzehen
2 Möhren
300 g Kichererbsen, ge-
    trocknet
Öl
1 EL Schmalz
Salz
Pfeffer

Der Beiname „podrida" sollte eigentlich nicht mit „verdorben" übersetzt werden (von. span. podrir), vielmehr mit „mächtig" oder „potent" (von poder für können), denn diesen opulenten Eintopf mit viel Fleisch konnten sich früher wohl eher nur Begüterte leisten.

Zubereitung:
Die Kichererbsen über Nacht einweichen. Am nächsten Tag mit dem Einweichwasser, dem Schweinefleisch und dem Schweinebauch in einen großen Topf geben und so viel Wasser zugießen, dass alle Zutaten bedeckt sind. Etwa 1 Stunde kochen lassen. Dann die klein geschnittenen Möhren unter den Eintopf mischen und die Würste einlegen. Den Knoblauch mit etwas Salz zerdrückt dazugeben, mit Pfeffer würzen und das Schmalz unterrühren. Weitere 15 Minuten garen.

Das Fleisch und die Würste aus dem Eintopf heben, den Schweinefuß auslösen und alles klein schneiden. Zurück in den Eintopf geben und nochmals erhitzen. Mit Salz und Pfeffer abschmecken.

Bauerneintopf nach Art von Christel und Wolfgang

Sofrito payes de Christel und Wolfgang
Sofrit pagès

Zutaten:
500 g weiße Bohnen
200 g Wirsing
150 g Sobrassada
100 g Chorizo
250 g Rinderbrust
2 Scheiben Schinken, geräuchert
2 Tomaten
1 Chilischote
1 Möhre
2 Kartoffeln
1 große Zwiebel
6 Knoblauchzehen mit Schale
1 Lorbeerblatt
2 Zweige Staudensellerie
3 EL Olivenöl
1 L Fleischbrühe

Zubereitung:
Die Bohnen über Nacht einweichen.

Den Schinken und die Zwiebel klein schneiden, in Öl anbraten und glasig werden lassen.

Die Fleischbrühe dazugeben und die Rinderbrust und den Knoblauch darin kochen. Nach 15 Minuten alle weiteren Zutaten zugeben: die Bohnen, den fein geschnittenen Wirsing, die gehäuteten Tomaten, die in Scheiben geschnittene Möhre, die Chilischote, die klein geschnittenen Selleriestauden und das Lorbeerblatt (am besten eingerissen, damit das Aroma zur Geltung kommt). Die Sobrassada und die Chorizo in Scheiben schneiden und zufügen, dann etwa 1 Stunde kochen lassen, bis die Bohnen und das Fleisch weich sind. Das Fleisch herausnehmen, in Würfel schneiden und wieder in den Eintopf geben. 2 Kartoffeln würfeln und 30 Minuten mitköcheln lassen. Ab und zu umrühren, damit nichts anbrennt.
Den Eintopf mit Salz und Pfeffer abschmecken; nach Wunsch 5 schwarze und 5 weiße Pfefferkörner hinzugeben. Wenn alles weich ist, kann der Eintopf serviert werden, am besten in einem Tontopf mit Deckel.

Bauerneintopf

Sofrito payes
Sofrit pagès

Zutaten:
250 g Lammfleisch
250 g Schweinefleisch
1 Huhn, in Stücke ge-
    schnitten
1 Scheibe Sobrassada pro
    Person
1 Scheibe Butifarra pro
    Person
5 kleine Kartoffeln pro
    Person
4 Knoblauchzehen
Lorbeerblätter
Nelken
Petersilie
Safran
Paprikapulver
Salz
Pfeffer

Dies ist ein ganz typisches Gericht aus Ibizas Inland. Es wird mit allem zubereitet, was der Stall hergibt.

Zubereitung:
Das Fleisch etwa 1 Stunde in Wasser kochen, die Lorbeerblätter und Nelken hinzufügen.

In einer tiefen Pfanne die Sobrassada und die Butifarra, die gehackten Knoblauchzehen, die Petersilie und die Kartoffeln in Olivenöl anbraten. (Man kann auch noch die Hühnerleber klein schneiden und anbraten, das gibt einen sehr pikanten Geschmack.)

Das Fleisch aus dem Topf nehmen und in Stücke schneiden, in die Pfanne geben und ein wenig Brühe angießen. Mit Salz, Pfeffer, Safran und Paprika würzen. Auf niedriger Hitze köcheln lassen und ab und zu umrühren. Wenn alles gar ist, sollte keine Flüssigkeit mehr vorhanden sein.

Lammeintopf

Guiso de cordero
Guisat de bestiar

Zutaten:
800 g Lammfleisch aus
    der Keule
500 g Kartoffeln
3 Artischockenböden
100 g Erbsen
2 reife Tomaten
1 Zwiebel
2 Knoblauchzehen
1 ½ L Brühe
Olivenöl oder Schmalz
Petersilie
2 Lorbeerblätter
Thymian
Rosmarin
Salz
Pfeffer

Zubereitung:
Das Lammfleisch in Stücke schneiden und in Olivenöl oder Schmalz anbraten. Salzen, pfeffern und die klein geschnittene Zwiebel und den gehackten Knoblauch dazugeben, mit- braten und mit so viel Brühe aufgießen, dass das Fleisch bedeckt ist. Zugedeckt etwa 40 Minuten schmoren lassen. Die gewürfelten Kartoffeln und Tomaten, die Lorbeerblätter, die Erbsen und die Artischocken zufügen und bei kleiner Hitze weitere 30 Minuten garen.

Man kann zusätzlich 250 g Lammleber braten, mit Paprikapulver und ¼ Liter Weißwein pürieren und zu dem Eintopf geben. Oder man legt ein Stück Sobrassada hinein.

Zum Schluss gehackte Kräuter darüberstreuen und nochmals abschmecken.

Lammeintopf mit Paprika

Guiso de cordero con chilindron
Guisat de bastiar amb chilindrón

Zutaten:

1 kg Lammfleisch aus der
  Keule
2 große rote Paprikaschoten
1 L Olivenöl
2 Zwiebeln
4 Knoblauchzehen
4 reife Tomaten
2 grüne Paprikaschoten,
  getrocknet
1 TL Paprikapulver
¼ L Weißwein
Salz
Pfeffer
1 Handvoll Petersilie,
  gehackt

Zubereitung:

Die getrockneten Paprikaschoten in warmem Wasser etwa 1 Stunde einweichen, dann herausnehmen und klein schneiden.

Das Lammfleisch in Würfel schneiden und scharf anbraten. Die Zwiebeln und den Knoblauch klein hacken, dazugeben, mitbraten und mit Salz, Pfeffer und Paprikapulver würzen.

Das Einweichwasser der getrockneten Paprikaschoten zugießen und alles 20 Minuten schmoren lassen. Die klein geschnittenen Tomaten und roten Paprikaschoten untermischen, den Wein dazugeben und 40 Minuten schmoren lassen. Gelegentlich umrühren und unter Umständen etwas Wasser nachgießen. Vor dem Servieren mit Petersilie bestreuen.

Hühnereintopf

Guiso de pollo
Guisat de pollastre

Zutaten:
1 Huhn
Olivenöl
1 Zwiebel
1 reife Tomate
einige Kartoffeln, gewürfelt,
 gebraten
1 Eigelb
Pinienkerne
3 Knoblauchzehen
1 Handvoll Petersilie
1 Lorbeerblatt
Paprikapulver, süß
Muskatnuss
Salz
Pfeffer

Zubereitung:
Das Huhn zerteilen und in einer Pfanne in Olivenöl anbraten. Die klein geschnittene Zwiebel, die gehäutete, gewürfelte Tomate, 2 ganze Knoblauchzehen, die gehackte Petersilie und das Lorbeerblatt hinzufügen, mit Salz, Pfeffer, Paprikapulver und Muskatnuss würzen. Mit so viel Wasser auffüllen, dass das Fleisch bedeckt ist. Die Kartoffeln dazugeben. Den Knoblauch und die Pinienkerne hacken, mit dem Eigelb und einem halben Glas Wasser mischen und untermischen. Bei kleiner Hitze garen lassen, bis die Flüssigkeit auf die Hälfte eingekocht ist.

Windrad

Cuinat

Cuinat

Zutaten:
200 g Saubohnen, ge-
trocknet
200 g Erbsen, getrocknet
1 Bund Mangold
1 Strauß verdura
(alternativ: Spinat)
5 Knoblauchzehen
4 Zwiebeln
Minzblätter
1 Pfefferschote, getrocknet
Öl
Paprika
Salz
Pfeffer

`Cuinat` ist ein typisches ibizenkisches Gericht, das man während der Karwoche isst. Es ist sehr aufwendig und braucht viel Zeit für die Zubereitung. Maria erklärt uns, wie man Cuinat nach traditioneller Art zubereitet, so wie sie es von ihrer Mutter und von ihren Tanten gelernt hat.

Normalerweise bekommt man keine genauen Angaben über die Menge der Zutaten oder die Länge der Kochzeit, da alles von der Topfgröße und der Personenzahl abhängt. Und ob man nun mehr Saubohnen oder mehr Mangold nimmt, ist ganz vom eigenen Geschmack abhängig.

Eine ganz spezielle Zutat für dieses Gericht ist `Verdura`, eine wild wachsende Pflanze, die man auf Ibiza im „Campo" findet. Sie wird auf dem spanischen Festland `Colleja` genannt, im Deutschen „Erdrauch".

Sie hat ein weiches längliches Blatt und schmeckt ein wenig bitter. Heute kann man Verdura in einigen Geschäften kaufen, meist in der Osterzeit. Da die Pflanze beim Kochen sehr zusammenfällt, sollte man frische, also vor kurzer Zeit gepflückte, und getrocknete Verdura verwenden, die schon vor ein paar Tagen geerntet wurde. Die frische wird gut gesäubert und auf einem Tuch ausgebreitet, damit sie Wasser verliert und so mehr Geschmack bekommt.

Zubereitung:
Die Saubohnen und die Erbsen am Vortag einweichen.

Am Tag darauf einen großen Topf mit Wasser aufsetzen. Wenn es kocht, die Verdura hineinlegen und einen Augenblick kochen lassen. Dann die Bohnen und die Erbsen Handvoll für Handvoll hineingeben.

Wenn sie lang genug geköchelt haben, die Mangoldstiele hinzufügen und etwas später die Mangoldblätter, weil diese schneller gar werden. Kurz kochen lassen, dann den Topf vom Feuer nehmen und abkühlen lassen. Das Gemüse abgießen und frisches Wasser darüberlaufen lassen, dann das Gemüse gut ausdrücken. Kompakte Cuinat-Kugeln daraus formen.

Den Topf zurück auf die Flamme stellen, einen Schuss Öl hineingießen und die Pfefferschote in kleinen Stücken, den gewürfelten Knoblauch und eine Handvoll klein gehackte Minze dazugeben. Mit Salz, Pfeffer und Paprikapulver würzen und in Öl andünsten. Nun die Cuinat-Kugeln hineinlegen, mit Wasser bedecken und köcheln lassen. Wenn alles gar ist, vor dem Servieren einen Schuss Olivenöl und einige Tropfen Zitronensaft hinzugeben.

Kichererbsen

Garbanzos
Ciurons

Zutaten:
Kichererbsen
1 Zwiebel, gehackt
1 Tomate, gewürfelt
5 Knoblauchzehen
1 Stk. Butifarra
1 Stk. Sobrassada
1 Stk. Schweinebauch
Schweineknochen
5 Kartoffeln
einige Kohlblätter
einige grüne Bohnen
Öl
Salz
Paprika

Zubereitung:
Die Kichererbsen am Vortag einweichen. Die gehackte Zwiebel, die gewürfelte Tomate, den Knoblauch, den Schweinebauch und die Schweineknochen kurz anbraten. Die Kichererbsen und Wasser hinzufügen, etwas später die Kartoffeln, die Kohlblätter, die Sobrassada und die Butifarra. Zugedeckt kochen, bis alles gar ist.

Linsen

Lentejas
Llenties

Zutaten:
4 kleine Tassen Linsen
1 Zwiebel
1 Tomate
2 Kartoffeln
2 Karotten
einige grüne Bohnen
4 Knoblauchzehen
1 Stk. Butifarra
Öl
Salz
Paprika

Zubereitung:
Die Linsen kochen und abtropfen lassen. Die gewürfelte Zwiebel und Tomate, den Knoblauch und die Butifarra kurz anbraten. Mit Salz und Paprika abschmecken, dann Wasser zugießen. Wenn es kocht, die Kartoffeln, die Karotten, die grünen Bohnen und die Linsen hinzugeben. Zugedeckt garen.

Gedämpfter Blumenkohl

Coliflor rehogada
Pinya de col ofegada

Zutaten:
1 Blumenkohl, in Röschen
  zerteilt
1 Stk. Sobrassada
1 Stk. Butifarra
1 Stk. Schweinebauch
2 EL Pinienkerne
3 EL Rosinen
Öl
200 ml Weißwein, trocken
Paprikapulver
Salz
Pfeffer

Zubereitung:
Den Schweinebauch, die Sobrassada und die Butifarra in Stücke schneiden und in Öl anbraten. Den Weißwein angießen. Die Blumenkohlröschen, die Rosinen und die Pinienkerne dazugeben. Mit Salz, Pfeffer und Paprika würzen. Zugedeckt auf kleiner Flamme garen. Häufig umrühren!

Dicke Bohnen- und Erbseneintopf

Bullit de habas y guisantes
Faves i pèsols

Zutaten:
500 g dicke Bohnen
500 g Erbsen
1 kg Kartoffeln
1 Zwiebel
Essig
Öl
Salz

Zubereitung:
Die Kartoffeln und die Zwiebel in Stücke schneiden und in gesalzenem Wasser aufkochen. Dann die Bohnen und die Erbsen hinzufügen und garen. Das Wasser abgießen und das Gemüse mit Öl und Essig vermengen.

Bohneneintopf

Guiso de habas
Guisat de faves

Zutaten:
100 g Speck
1 Stk. Sobrassada
1 Stk. Butifarra
500 g weiße Bohnen, ge-
trocknet
1 Zwiebel
2 reife Tomaten
1 Knoblauchzehe
1 Lorbeerblatt
1 Bund Mangold
Olivenöl
etwas frische Minze
Salz
Pfeffer

Zubereitung:
Die getrockneten Bohnen über Nacht in Wasser einweichen. In einer flachen Tonschale, stilgerecht in einer `Greixonera`, den in Stücke geschnittenen Speck und die in Scheiben geschnittenen Würste mit dem Knoblauch anbraten. Die Zwiebel und die Tomaten klein hacken und hinzufügen. Kurz schmoren lassen, dann die eingeweichten Bohnen und das Lorbeerblatt zugeben und mit Wasser auffüllen, sodass alles gut bedeckt ist. 20 Minuten auf kleiner Flamme köcheln lassen. Den Mangold und die Minze fein hacken und darüberstreuen. Mit Salz und Pfeffer abschmecken.

Hartes Brot mit wildem Spargel

Pan con esparrágos trigueros
Pa amb espàrrecs

Zutaten:
1 Bund wilder Spargel
1 Handvoll junge Saubohnen
1 Handvoll Erbsen
Petersilie
1 Zwiebel
1 Tomate
4 Knoblauchzehen
Olivenöl
Salz
Paprika
hartes Brot

Zubereitung:
Die Zwiebel, die Tomate, den Knoblauch und die Petersilie hacken und anbraten. Den Spargel kochen und mit den Saubohnen und den Erbsen hinzufügen. Mit Salz und Paprika würzen und mit Wasser bedecken. Wenn alles gar ist, das harte Brot dazugeben. Den Topf vom Herd nehmen und den Eintopf einige Minuten ziehen lassen. Mit etwas Olivenöl beträufeln.

GEMÜSE & SALAT

Verdura y ensalada
Verdura i enciam

Beim Gang über den Markt liegt dem Besucher die ganze Gemüsepracht der Insel zu Füßen, z. B. fleischige rote Tomaten, große rote und grüne Paprikaschoten und Auberginen, die aus zahlreichen Gerichten nicht wegzudenken sind. Der Geschmack ist umwerfend, denn Obst und Gemüse werden reif gepflückt und direkt auf den Wochenmärkten verkauft.

„Hier gibt es alles, was wir brauchen", sagen die Ibizenkos. Das Klima ist so mild, dass viele Bauern drei Kartoffelernten im Jahr einfahren können.

Besonders das „Königsgemüse", die Tomaten, schmecken hervorragend. Auffallend sind die `Tomatigues de ramellet`, kleine, dunkle Tomaten, die an langen Stielen lose aufgehängt und für Saucen und vor allem zum Einreiben des deftigen Bauernbrotes verwendet werden.

Gefüllte Auberginen

Berenjas rellenas
Alberginies farcides

Zutaten:
Auberginen
Zwiebeln
grüne Paprikaschoten
Knoblauch
Tomaten
Eier
Mehl
Olivenöl
Salz
Milch
Petersilie
Brot, gerieben

Auberginen sind als Gemüse auf Ibiza sehr beliebt. Die `Berenjas` sind Grundlage oder Zutat zahlreicher Gerichte: gebraten, aus dem Ofen, mit Fisch oder Fleisch, und mit Honig serviert sogar als Nachtisch.

Zubereitung:
Die Auberginen längs halbieren, mit Salz bestreuen und etwa 30 Minuten Wasser ziehen lassen, um mögliche Bitterstoffe zu entfernen. Mit Küchenpapier trocken tupfen und in Mehl wenden. Überschüssiges Mehl leicht abklopfen. In einen Topf so viel Olivenöl geben, dass der Boden vollständig bedeckt ist, und erhitzen. Die Auberginen darin von beiden Seiten frittieren, bis sie goldgelb sind, und auf Küchenpapier legen.

Die übrigen Zutaten sautieren. Dann das Mark mit einem Löffel aus den Auberginen herausnehmen und unter das Gemüse mengen. Diese Mischung in die der Auberginenschalen füllen und mit dem geriebenen Brot bestreuen.

So lange im Ofen backen, bis die Oberseite gebräunt ist.

Gefüllte Auberginen mit Fleisch

Berenjas rellenas con carne
Alberginies farcides amb carn

Zutaten:
4 Auberginen
600 g Hackfleisch
1 Ei
1 Zwiebel
1 Knoblauchzehe
1 Handvoll Petersilie
100 g Brot, gerieben
Paprikapulver
Salz
Pfeffer

Zubereitung:
Die Auberginen halbieren, salzen und 1 Stunde lang Saft ziehen lassen. Mit Wasser abspülen und etwa 1 Minute in Wasser kochen.

Für die Füllung das Hackfleisch mit dem klein gehackten Knoblauch, der gewürfelten Zwiebel und der Petersilie vermischen. Mit einem Löffel das weiche Fruchtfleisch aus den Auberginen holen und unter die Hackfleischmasse mengen. Mit Salz, Pfeffer und Paprika abschmecken und die ausgehöhlten Auberginenhälften damit füllen. Das Ei verschlagen, mit geriebenem Brot (oder Paniermehl) mischen und auf den Auberginen verteilen.

Die Auberginen im vorgeheizten Ofen etwa 20 Minuten backen.

Im Ofen gebackene Auberginen

Berenjas al horno
Alberginies al forn

Zutaten:
2 Auberginen
1 kg reife Tomaten
2 Scheiben Weißbrot
1 EL Essig
1 ½ Tassen Olivenöl
2 Knoblauchzehen
Salz

Zubereitung:
Die Auberginen in Scheiben schneiden und mit viel Salz bestreuen, damit sie Saft ziehen. Nach etwa 30 Minuten abwaschen und gut abtropfen lassen. Die Scheiben kurz anbraten, erneut gut abtropfen lassen und dann in eine feuerfeste Form legen.

Den Knoblauch im Mörser zerstampfen und das in Essig eingelegte Brot dazugeben. Diese Mischung beiseitestellen. Die Tomaten schälen, entkernen, in kleine Würfel schneiden und in dem Bratöl der Auberginen kurz anschmoren. Die Brot-Knoblauch-Mischung hinzufügen, abschmecken und auf den Auberginen verteilen. Im vorgeheizten Ofen etwa 30 Minuten backen.

Gefüllte Paprikaschoten

Pimientos rellenos
Pebreres farcides

Zutaten:
300 g Fischfilet
10 Paprikaschoten
1 Zwiebel
Knoblauch
Petersilie
Paprikapulver
Salz
Pfeffer

Zubereitung:
Die Paprikaschoten waschen und der Länge nach halbieren. Die Kerne und die weißen Trennwände entfernen. Zur Seite stellen. Die Fischfilets anbraten, zerteilen und mit den gehackten Zwiebeln, dem Knoblauch und der Petersilie mischen und würzen. Mit dieser Mischung die Paprikaschoten füllen und im Ofen garen.

Gegrillte Paprikaschoten

Pimientos a la brasa
Pebreres a la brasa

Zutaten:
8 große rote Paprika-
   schoten
Knoblauch
Olivenöl
Salz

Zubereitung:
Die Paprikaschoten im Backofen grillen und zerkleinern (am besten mit den Fingern in Streifen reißen,
da das Metall ihnen einen schlechten Geschmack
gibt). Die Kerne und Trennwände entfernen. Die
Paprikastreifen in einer Schüssel mit Öl, gehacktem
Knoblauch und Salz anrichten.

Gefüllte Tomaten

Tomates rellenos
Tomates farcides

Zutaten:
8 Tomaten
250 g Hackfleisch
1 Tasse Reis, gekocht
1 Zwiebel
Knoblauch
Petersilie
1 Ei
Brot, gerieben
Öl
Salz
Pfeffer

Zubereitung:
Die Tomaten halbieren und aushöhlen. Das Hackfleisch anbraten, den Reis hinzufügen und mit der
gehackten Zwiebel, dem Knoblauch und der Petersilie vermengen. Mit Salz und Pfeffer abschmecken
und in die Tomatenhälften füllen. Das Ei mit dem
geriebenen Brot verquirlen, über die Tomaten geben
und leicht überbacken.

Gefüllte Zucchini mit Garnelen

Calabacines rellenos de gambas
Calabacin estofado amb gambes

Zutaten:
2 große Zucchini
Garnelen, gekocht
Fischfilets
1 Zwiebel
Eier
Mehl
Salz
Pfeffer

Zubereitung:
Die Zucchini 5 Minuten kochen, halbieren und aushöhlen. Die Fischfilets zerkleinern, die Zwiebel hacken, beides miteinander vermischen und mit Salz und Pfeffer würzen.

Aus Eiern und Mehl eine Bechamelsauce zubereiten und mit der Fischmasse vermengen. Die Zucchinihälften damit füllen und die Garnelen darauf verteilen. 5 bis 7 Minuten im vorgeheizten Ofen backen.

Gefüllte Zucchini

Calabacines rellenos
Calabacin estofado

Zutaten:
6 kleine Zucchini
1 Zwiebel
200 g Lammhackfleisch
2 Tomaten
12 frische Minzeblätter
2 Knoblauchzehen
1 EL Olivenöl
Salz
Pfeffer

Zubereitung:
Die Zucchini in gesalzenem Wasser 5 Minuten kochen, längs halbieren und mit einem kleinen, scharfen Löffel die Samen in der Mitte auskratzen. Die gewürfelte Zwiebel und den gehackten Knoblauch in Öl dünsten. Das Lammhackfleisch mit Salz und Pfeffer gewürzt dazugeben, vermengen und etwa 15 Minuten braten. Die klein geschnittenen Tomaten und die Minze unterrühren und die Mischung in die ausgehöhlten Zucchinihälften verteilen.

Gebratener Mangold

Acelgas salteadas
Bledes sofregides

Zutaten:
Mangold
1 Zwiebel
1 EL Rosinen
1 EL Pinienkerne
2 Knoblauchzehen
Salz

Zubereitung:
Den Mangold kurz in Salzwasser kochen und abkühlen lassen. Die gewürfelte Zwiebel, den gehackten Knoblauch, die Rosinen und die Pinienkerne anbraten und den Mangold hinzugeben. Umrühren und kurz garen lassen.

Ertrunkener Blumenkohl

Coliflor aufegada
Pinya de col ofegada

Zutaten:
1 Blumenkohl
2 Knoblauchzehen
100 g Rosinen
220 ml Wein
100 ml Olivenöl
Salz
Pfeffer

Zubereitung:
Die Rosinen mit Wein bedeckt über Nacht ziehen lassen.

Den Blumenkohl putzen, in Röschen zerlegen und 5 Minuten in kochendem Wasser garen.

Das Öl in einer Pfanne erhitzen, den gehackten Knoblauch und die abgetropften Rosinen hineingeben und goldbraun rösten. Die Blumenkohlröschen hinzufügen, salzen, pfeffern und mit etwas Kochwasser ablöschen. Unter ständigem Umrühren etwa 12 Minuten garen lassen.

Mariniertes Gemüse

Verdura escabechada
Verdura escalivada

Zutaten:
1 rote Paprikaschote
1 grüne Paprikaschote
1 Aubergine
1 Zucchini
Knoblauch
Olivenöl
Zitronensaft
Sherryessig
Salz
Pfeffer

Zubereitung:
Ein Backblech mit Öl einpinseln. Das Gemüse waschen und klein schneiden. Den Knoblauch hacken und mit Zitronensaft vermischen. Das Gemüse mit der Schnittseite nach unten auf das Backblech legen und mit dem Zitronenknoblauch beträufeln, salzen und pfeffern.

Bei etwa 200 °C im vorgeheizten Ofen 20 Minuten backen, die letzten 3 bis 4 Minuten die Oberhitze zuschalten. Das Gemüse in einer flachen Schale mit Sherryessig beträufeln und mindestens 5 Stunden im Kühlschrank ziehen lassen.

Makkaroni mit Erbsen und gekochtem Schinken

Macarrones con guisantes y jamon dulce
Maccarones amb pèsols i pernil York

Zutaten:
500 g Makkaroni
250 g frische grüne Erbsen
1 Zwiebel
Hierba Buena (alternativ:
  Minze)
250 g Schinken, gekocht,
  gewürfelt
Olivenöl
etwas Sahne
Salz
Pfeffer

Hierba Buena („gutes Kraut") wächst wild auf Ibiza, es ist der Minze ähnlich.

Zubereitung:
Die Zwiebel in einer Pfanne mit Olivenöl glasig dünsten. Die Erbsen und reichlich Hierba- Buena-Blätter dazugeben, ebenso den gewürfelten gekochten Schinken. Mit Sahne (Menge nach Belieben), Salz und Pfeffer abschmecken. Die Makkaroni al dente kochen und untermengen. Mit Hierba-Buena-Blättern dekorieren.

Christel in ihrer Küche

Christels Sommereintopf

Guisado de verano
Guisat d´estiu

Zutaten:
500 g Hackfleisch
1 Gemüsezwiebel
5 reife Tomaten
1 rote Paprika
1 grüne Paprika
2 Knoblauchzehen
Salz
Pfeffer
Fallera-Rundkornreis

Zubereitung:
Den gehackten Knoblauch, die in Stücke geschnittenen Paprikaschoten und Tomaten und die klein geschnittene Zwiebel in einer Pfanne anbraten, salzen und pfeffern. In einer zweiten Pfanne das Hackfleisch anbraten, mit Salz, Pfeffer und Thymian würzen. Zum Gemüse geben.

Den Reis kochen und unter das Gemüse mengen. Abschmecken und eventuell etwas Brühe zufügen.

Bauernsalat

Ensalada payesa
Ensalada pagesa

Zutaten:
1 rote Paprikaschote
1 grüne Paprikaschote
2 Kartoffeln
2 Tomaten
1 Zwiebel
2 Knoblauchzehen
2 Eier, hart gekocht
Olivenöl
Salz

Zubereitung:
Die Kartoffeln mit der Schale kochen, abkühlen lassen und pellen. Mit einer Gabel zerkleinern und etwas andrücken. In eine Tonschale füllen und die klein geschnittenen Tomaten und Paprikaschoten, die gewürfelte Zwiebel und die gehackten Eier darüberschichten. Mit Knoblauch, Salz und Olivenöl abschmecken.

Mit Thunfisch und Oliven wird der Salat noch gehaltvoller.

Russischer Salat

Ensalada russa
Enciam russa

Zutaten:
500 g Kartoffeln
250 g Erbsen
4 Karotten
3 Eier, hart gekocht
Öl
Zitronensaft
Salz
Pfeffer

Zubereitung:
Die Kartoffeln kochen, abkühlen lassen und in Würfel schneiden. Die Erbsen und die in Scheiben geschnittenen Karotten 3 bis 5 Minuten kochen, sodass sie noch Biss haben. Abgießen und abkühlen lassen. Die zerkleinerten Eier dazugeben, alles vermischen und mit Öl, Salz, Pfeffer und Zitronensaft abschmecken.

Man kann den Salat noch mit Garnelen oder Thunfisch verfeinern.

Salat

Ensalada
Enciam

Zutaten:
Paprikaschoten
Tomaten
1 Zwiebel
Oliven
Manchego-Käse
Zitronensaft
Salz

Zubereitung:
Paprikaschoten, Tomaten und die Zwiebel würfeln und mit einer Vinaigrette aus Öl, Salz und Zitronensaft vermischen. Oliven und den gewürfelten Manchego-Käse darüber verteilen.

Salat mit Kartoffeln

Ensalada con patatas
Enciam amb patates

Zutaten:
4 sehr reife Tomaten
1 Zwiebel
2 grüne Paprikaschoten
4 Kartoffeln
1 Dose Sardinen
4 EL Olivenöl
2 EL Essig
Petersilie
Salz
Pfeffer

Zubereitung:
Die Kartoffeln mit der Schale kochen, pellen und in Würfel schneiden. Die Tomaten, die Paprikaschoten und die Zwiebel in kleine Stücke schneiden und mit den Kartoffeln mischen. Den Salat mit Öl, Essig, Salz, Pfeffer und Petersilie würzen. Die Sardinen darüber verteilen.

Salatherzen

Cogollos
Cabdells

Zutaten:
1 Salatherz pro Person
2 Sardellenfilets pro Person
Essig
Öl
Salz
Pfeffer
etwas Senf

Zubereitung:
Die Salatherzen halbieren, dabei die Strünke entfernen. Eine Vinaigrette aus Essig, Öl und etwas Senf anrühren, mit Salz und Pfeffer abschmecken. Über die Salatherzen träufeln und die Sardellenfilets darauflegen.

Die rote Erde der Insel

Die heilige Erde der Göttin Tanit

Auf Ibizas Erde wachsen weder giftige Pflanzen noch leben hier giftige Tiere, im Gegenteil: An den Wegrändern findet man üppig wuchernde Kräuter, wie zum Beispiel Rosmarin, Thymian oder Fenchel. Man pflückt sie einfach und kann sie wunderbar zum Kochen verwenden.

Der Grund für diese Fülle ist angeblich die heilige Erde Ibizas, heilig geworden durch den Bau des Tempels für die phönizische Göttin Tanit, die als Mythos der antiken punischen Welt bis Ende des 20. Jahrhunderts eine wichtige Rolle auf Ibiza spielte und auch heute noch eine große Bedeutung hat.

Tanit, die über Ibiza wacht, ist die Göttin der Liebe, der Fruchtbarkeit und der reichen Ernte. Ihre Attribute sind der Granatapfel, die Feige, die Ähre und die Taube. Ihre Zeichen sind die erhobene rechte Hand, die segnet und schützt, und ein Dreieck mit einem waagerechten Balken darüber, auf dem eine Scheibe liegt. Auf Ibiza hat man dreieckige, zu Amuletten verarbeitete Tanitsymbole gefunden.

Sie ist die Gefährtin des Bes, von dem Ibiza seinen Namen hat; das phönizische „Ibosim" heißt „Insel des Bes". Er erscheint als krummbeiniger Gnom, dem Wein,

Schutzzeichen: Tanitrelief und Hausschild

Weib und Gesang genauso lieb waren wie seinem Pendant Bacchus. Auch Tanit war dem leichten Leben nicht abgeneigt: In ihren Tempeln dienten die Priesterinnen der sakralen Prostitution.

Aber auch als Göttin des Todes ist Tanit bekannt. Angeblich wurden ihr einst Kinder geopfert.

Blutopfer entsprangen dem tiefen Bedürfnis, sich mit der Erde zu vereinigen und das Liebste, was man hatte, hinzugeben, um die Göttin gnädig zu stimmen. Besonders in Krisenzeiten wurden die erstgeborenen Jungen dem Flammentod übergeben. Wie die Geschichte von Abraham und Isaak zeigt, war dieser Ritus keineswegs ein Einzelfall.

Eine Legende besagt, Ibizas Erde habe sich rot gefärbt wegen vieler Kindermorde. Diese Kinderopfer sind nicht ganz auszuschließen, zumal am Altar einer Kultstätte verbrannte Knochen von Opfergaben gefunden wurden, die aber möglicherweise doch nur Tierknochen sind.

Die Göttin Tanit wurde auf Ibiza noch lange nach der Christianisierung der Bevölkerung verehrt. Bei Ausgrabungen fand man mehrere Kultstätten. Am bekanntesten ist die Höhle Es Cuieram bei Sant Vicent de sa Cala. Hier entdeckte man Anfang des 20. Jahrhunderts viele Keramikstatuen aus phönizischer und karthagischer Epoche.

Auch heute noch lebt der Tanit-Kult auf der Insel: Für die Ibizenkos ist sie die Schutzpatronin Ibizas. Es gibt Häuser, die nach ihr benannt sind, und an einigen Fincas sieht man das Tanitsymbol aufgemalt, das die bösen Geister fernhalten möge. Und so mancher abergläubische Mensch trägt ein Amulett mit dem Tanit-Zeichen als Schutz!

REISGERICHTE & EIERSPEISEN

Arroz y huevos
Arròs i ous

Reis ist ein sehr wichtiges Nahrungsmittel in der ibizenkischen Küche, obwohl er hier weder beheimatet ist, noch hier wächst. Von den zahlreichen Reisgerichten sollte man unbedingt den `Arròs sec` (trockener Reis) probieren, die ibizenkische Art der in ganz Spanien beliebten `Paella`. Der Paella ähnlich sind auch der `Arròs de pescador` (Reis nach Seemannsart) und der `Arròs negre` (schwarzer Reis), der seine Farbe durch die dunkle Tinte des Tintenfisches bekommt.

Die traditionelle Paella stammt jedoch aus Valencia. Die Valencianos behaupten, dass sie nur mit valencianischem Wasser wirklich gut schmecke. Sie haben aber offensichtlich noch nie die auf Ibiza zubereiteten köstlichen Varianten probiert, denn dann würden sie ihre Meinung sofort ändern!

Der Name „Paella" kommt von dem arabischen Wort „Bakiia", das „Reste" bedeutet. Eine alte Geschichte sagt, dass die Diener der maurischen Könige die Reste der königlichen Bankette in großen Töpfen mit nach Hause nahmen, um damit ihre Familien zu ernähren.

Die Paella war ein Gericht für weniger Begüterte. Alle Essensreste (Gemüse, Fleisch, Fisch, Meeresfrüchte) wurden in einer Pfanne vermischt und im Ofen gebacken. Heute ist die Paella keineswegs mehr ein Arme-Leute-Essen.

Um eine typische Paella zu finden, muss man lange suchen. Das Entscheidende bei der Zubereitung ist die Verwendung von frischem Fisch und rohen Garnelen mit Kopf und Schale, denn sie enthalten die meisten Aromen.

Paella

Arroz Paella
Arròs Paella

Zutaten:
1 rote Paprikaschote
1 grüne Paprikaschote
2 reife Tomaten
150 g grüne Bohnen
150 g Tintenfischringe
250 g Garnelen
200 g Miesmuscheln
200 g Hühnerfleisch
150 g Schweinefleisch
1 Handvoll Petersilie
2 Knoblauchzehen
100 g Erbsen
250 g Reis
einige Safranfäden
Olivenöl
Salz
Pfeffer

Sie wird auf Ibiza `Arros sec`, trockener Reis, genannt.

Zubereitung:
Die Paprikaschoten waschen und in Stücke schneiden. Die Muscheln in wenig Wasser kochen, bis sie sich öffnen, und beiseitestellen. (Die, die geschlossen bleiben, wegwerfen!) Olivenöl erhitzen und darin das klein geschnittene Hühner- und Schweinefleisch anbraten. Die Tintenfischringe, die Garnelen und das Gemüse hinzufügen und vorsichtig erhitzen. Mit 3/4 Liter Brühe aufgießen, den Reis dazugeben, würzen und vermischen. 30 Minuten ziehen lassen. Kurz vor Ende der Garzeit die Garnelen und Muscheln auf die Paella legen und mit Petersilie bestreuen.

Durch den Safran wird der Reis leuchtend gelb gefärbt. Um die schöne Farbe zu bekommen, kann man auch Ersatzstoffe nehmen, die wesentlich preisgünstiger sind. Doch wenn man den einmaligen

Geschmack sucht, sollte man auf das teure Original nicht verzichten! Die wertvollen Fäden entfalten ihren Geschmack nur in warmen Speisen; allerdings man darf sie nicht direkt auf das heiße Gericht streuen, da dadurch ihre Wirkung zerstört wird. Die Fasern werden im Mörser zerrieben und in etwas Wasser eingeweicht zur Paella gegeben. Wenn es schnell gehen soll, kann man auch Safranpulver aus dem Beutel verwenden.

Blinde Paella

Paella de ciego
Paella de cec

Zutaten:
200 g Hühnerfleisch
200 g Schweinefleisch
150 g Chorizo
  (Paprikawurst)
200 g Miesmuscheln
200 g Garnelen
100 g Erbsen
100 g grüne Bohnen
2 Karotten
1 rote Paprikaschote
1 Zwiebel
1 reife Tomate
6 Knoblauchzehen
1 Handvoll Petersilie
20 Fäden Safran
10 EL Olivenöl
3 Tassen Reis
1 Glas Weißwein, trocken
1 Zitrone, Saft davon
1 Zitrone
Paprikapulver, süß
Salz
Pfeffer

Diese Paella hat weder Schalen noch Knochen, deshalb kann man sie „blind" essen!

Zubereitung:
Das Fleisch in Würfel schneiden, in Olivenöl anbraten und beiseitestellen. Die Muscheln kochen, bis sie sich öffnen, und aus der Schale lösen. Die Garnelen braten und ebenfalls aus der Schale nehmen, beiseitestellen. Den entstandenen Bratensaft mit 2 Tassen Wasser löschen und aufkochen. Die Erbsen, die Bohnen, die klein geschnittenen Paprikaschoten und die Karotten darin 8 bis 10 Minuten garen. In einer großen Pfanne die gewürfelte Zwiebel und Tomate und den gehackten Knoblauch anbraten.Das Fleisch, die Meeresfrüchte, die klein gewürfelte Chorizo, den Safran und den Reis zugeben und mit so viel kochendem Wasser aufgießen, dass die Zutaten gut bedeckt sind. Mit Salz, Pfeffer, Paprika und dem Weißwein abschmecken und aufkochen lassen.

Die Paella in der Pfanne auf dem Boden des vorgeheizten Backofens bei 175 °C etwa 20 Minuten leicht köcheln lassen. Mit etwas Zitronensaft beträufeln, mit Zitronenachteln dekorieren und Petersilie darüberstreuen.

Schwarzer Reis

Arroz negro
Arròs negre

Zutaten:
1 kg kleine Tintenfische mit
  Tintenbeutel, frisch
125 ml Weißwein, trocken
125 ml Öl
1 Knoblauchzehe
2 reife Tomaten
1 Handvoll Petersilie
1 Zitrone, Saft davon
400 g Rundkornreis
Salz
Pfeffer

Zubereitung:
Die Tintenbeutel vorsichtig aus den Tintenfischen entfernen und beiseitestellen.

Die Tintenfische säubern: Zuerst wäscht man sie und zieht ihnen von unten zum Kopf hin die Haut ab. Dann fasst man Körper und Fangarme mit den Händen und zieht sie vorsichtig auseinander. Dabei kann man Kopf und Eingeweide aus dem Körperbeutel lösen. Aber Vorsicht: Der Tintenbeutel darf nicht beschädigt werden! Dann trennt man mit einem scharfen Messer den Kopf von den Fangarmen, den Tentakeln, ab. Zum Schluss zieht man den transparenten Rückenpanzer, den Schulp, aus dem Körper heraus.

Die Tintenfische 10 Minuten in Salzwasser kochen. Den Knoblauch und die Tomaten sehr fein hacken. In einer Pfanne das Öl erhitzen, beides darin anbraten und mit dem Zitronensaft und der Petersilie würzen. Den Reis untermischen, 3/4 Liter Wasser angießen und alles zum Kochen bringen.

In der Zwischenzeit die Tintenbeutel leeren, mit dem Weißwein mischen und durch ein Sieb zum Reis gießen. Die Tintenfische unterheben und etwa 20 Minuten gar dünsten. Mit Salz und Pfeffer würzen.

Dazu reicht man Aioli.

Reis nach Seemannsart

Arroz a la marinera
Arròs de pescador

Zutaten:
1 kg Fischabfälle
250 g kleine Tintenfische,
500 g Muscheln, gemischt
8 Garnelen
400 g Fischfilet
250 g Reis
125 ml Olivenöl
1 rote Paprikaschote
2 Knoblauchzehen
1 Zwiebel
1 Lorbeerblatt
4 Safranfäden
2 Tomaten
3 Stängel Petersilie
1 L Wasser
Paprikapulver
Salz und Pfeffer

Dieses Gericht aßen die Fischer auf ihren Fangzügen.

Zubereitung:
Die Fischabfälle, die Zwiebel, die Knoblauchzehen, die Petersilie und Salz in 1 ½ Liter Wasser 1 Stunde zugedeckt köcheln. Den Sud durch ein Sieb gießen und beiseitestellen. Die Tintenfische klein schneiden und in einem großen Topf in Olivenöl braten. Den Reis zufügen und kurz anrösten. Die enthäuteten und gewürfelten Tomaten untermischen, den Fischsud angießen und mit Paprikapulver und Safran würzen. 15 Minuten kochen lassen. Dann die Muscheln, die portionsgerecht zerteilten Fischstücke und die Garnelen einlegen und in der Suppe gar ziehen lassen.

Schwarzer Reis mit Meeresfrüchten

Reis mit Fisch

Arroz a banda
Arròs a banda

Zutaten:

2 kg Fisch, z. B. Seeteufel,
   Rotbarben oder Rochen
400 g Rundkornreis
1 Zwiebel
1 Lorbeerblatt
2 Knoblauchzehen
4 El Olivenöl
1 Zitrone, Saft davon
1 g Safran
½ TL Paprikapulver
Salz
Pfeffer

Zubereitung:

Den Fisch waschen, trocken tupfen, mit Zitronensaft beträufeln, salzen und pfeffern. 10 Minuten ziehen lassen. In einem Topf 1 Liter Wasser mit der Zwiebel und dem Lorbeerblatt zum Kochen bringen und die Fischstücke darin etwa 20 Minuten bei schwacher Hitze garen lassen. Dann aus dem Sud nehmen und warm stellen.

In einer Pfanne das Öl erhitzen, den gehackten Knoblauch und den Reis darin anbraten. Mit Fischbrühe aufgießen und mit Safran, Paprika, Salz und Pfeffer würzen. Bei kleiner Hitze etwa 20 Minuten ziehen lassen, bis der Reis alle Flüssigkeit aufgenommen hat. Dann die Fischstücke auf den Reis legen und in der Pfanne servieren.

Nach alter Tradition wird zuerst der Reis serviert, danach der Fisch mit Aioli.

Schmutziger Reis

Arroz brut
Arròs a la bruta

Zutaten:
200 g Schweinelende
200 g Kaninchenfleisch
2 Wachteln
50 g Sobrassada
50 g Butifarra
100 g Rundkornreis
4 EL Olivenöl
1 Zwiebel
5 Knoblauchzehen
1 Chilischote
2 Tomaten
100 g Erbsen
1 Sternanis
½ TL Oregano, getrocknet
½ TL Thymian, getrocknet
einige Safranfäden
Salz
Pfeffer
1 Handvoll Petersilie

Zubereitung:
Das Fleisch in Würfel schneiden, grobe Knochen dabei entfernen. Die Sobrassada und die Butifarra in Stücke schneiden. In einem großen Topf Öl erhitzen und das Fleisch anbraten. Bei kleiner Hitze schmoren lassen. In einer anderen Pfanne die klein gehackten Zwiebeln und Tomaten, die zerstoßenen Knoblauchzehen, die Chilischote und die in Scheiben geschnittenen Würste anbraten und 2 Tassen Wasser angießen. Die Kräuter, den Sternanis und den Safran hineingeben. Den Eintopf bis zur doppelten Menge mit Wasser aufgießen, würzen und die Erbsen hinzufügen. 10 Minuten kochen.

Das Fleisch und den Eintopf in eine Tonschüssel, die Greixonera, füllen. Den Reis einrühren und bei 200 °C im vorgeheizten Backofen 20 Minuten köcheln lassen. Eventuell Wasser nachgießen. Zum Servieren mit Petersilie bestreuen.

Spinnerinnen

Reis mit Blumenkohl

Arroz con coliflor
Arròs amb pinya de col

Zutaten:
½ Blumenkohl
Reis
12 Sprotten
1 EL Mehl
1 Tomate
Knoblauch nach Geschmack
Öl
1 Handvoll Petersilie
Paprika
Zimt
Salz
Pfeffer

Zubereitung:
Den Blumenkohl zerteilen und mit der klein geschnittenen Tomate, dem zerdrückten Knoblauch
und der Petersilie in einer Pfanne mit Öl anbraten.
Wasser auffüllen, die entsprechende Menge Reis
dazugeben und kochen lassen. Mit den Gewürzen
abschmecken.

In der Zwischenzeit die Sprotten in Mehl wälzen und
braten. Auf dem Reis anrichten.

Fastenzeit-Reis

Arroz de quarema
Arròs de quarema

Zutaten:
1 Tasse Reis pro Person
1 Zwiebel
1 Tomate
Knoblauch nach Geschmack
1 Handvoll Petersilie
4 Artischocken
1 Handvoll Erbsen
1 Strauß Mangold
Öl
Safran
Zimt
Paprikapulver
Salz

Zubereitung:
Die zerkleinerten Zwiebeln und Tomaten, die geviertelten Artischockenherzen, die Erbsen, den Mangold, den gehackten Knoblauch und die Petersilie
in einer Pfanne mit Öl anbraten. Mit den Gewürzen
abschmecken und mit Wasser bedecken. Wenn das
Gemüse kocht, den Reis dazugeben. Umrühren und
köcheln lassen.

Nudel-Paella

Paella de Fideus
Fideua

Zutaten:
100 g Sepia
150 g Miesmuscheln
150 g Gambas
200 g Hühnchenteile
200 g Seeteufelfilet
8 Garnelen
400 g Fideua (kurze,
   gebogene Nudeln)
1 große Zwiebel
1 L Fischfond
220 ml Olivenöl
3 Knoblauchzehen
1 Handvoll Petersilie
2 reife Tomaten
1 rote Paprikaschote
1 Msp. Safranpulver
Salz
Pfeffer

Es muss nicht immer Reis sein, der in die Paellapfanne kommt! Auch Nudeln darin sind köstlich.

Zubereitung:
Die Hühnchenteile in einer Pfanne scharf anbraten und beiseitestellen. In einer Paellapfanne reichlich Olivenöl erhitzen und die klein gehackten Zwiebeln und den zerdrückten Knoblauch darin glasig dünsten. Die klein gewürfelte Sepia dazugeben und leicht anbraten. Dann die Miesmuscheln und die Gambas, die klein geschnittene Paprikaschote und die gewürfelte Tomate hinzufügen. Die Petersilie darüberstreuen. Die Fideua und den Safran untermischen und mit dem Fischfond auffüllen. Aufkochen lassen und die Hühnerteile und die in Streifen geschnittenen Fischfilets dazugeben. So lange köcheln lassen, bis der Fond fast verdampft ist. Mit Salz und Pfeffer abschmecken.

Die Garnelen braten und darauf verteilen.

Tortilla

Tortilla
Truita

Zutaten:
150 ml Olivenöl
1 kg große Kartoffeln
6 Eier
2 TL Salz

Ebenfalls gerne gegessen werden Eierspeisen wie die `Tortilla`. Neben der Paella ist sie ein weiteres spanisches Nationalgericht und als `Tortilla espanola` fast weltbekannt geworden.

Das Ursprungsrezept:

Zubereitung:
Die Kartoffeln schälen und in dünne Scheiben schneiden. 100 ml Olivenöl in einer Pfanne erhitzen, die Kartoffelscheiben hineingeben und mit 1 Teelöffel Salz würzen. Bei niedriger Hitze etwa 20 Minuten braten, dabei gelegentlich wenden. Überschüssiges Öl abgießen.

Die Eier und 1 Teelöffel Salz mit einem Schneebesen schaumig schlagen und die Kartoffelscheiben vorsichtig unterheben. Etwas ruhen lassen.

Das restliche Öl in einer Eisenpfanne erhitzen und die Kartoffel-Ei-Mischung einfüllen. Glatt streichen, bei kleiner Hitze einige Minuten stocken und bräunen lassen. Wenden und auf der anderen Seite ebenfalls bräunen lassen.

Die Tortilla schmeckt warm und kalt!

Tortilla mit Wildspargel

Tortilla de esparragos trigueros
Truita d`esparrecs

Zutaten:
150 ml Olivenöl
1 kg große Kartoffeln
250 g Wildspargel
6 Eier
2 TL Salz

Auf Ibiza ist die Tortilla mit wildem Spargel, dem absoluten Star unter den Wildgemüsen, sehr beliebt. Er gedeiht bevorzugt in Olivenhainen. Anders als weißer Spargel, der immer von Erde bedeckt sein muss, um sich nicht zu verfärben, lässt man den Wildspargel wachsen, bis sein dünner, leicht grüner Stängel etwa 20 cm aus der Erde ragt. Erst dann wird er geerntet. Das Angenehme ist: Er muss nicht geschält werden, man schneidet nur das harte Ende ab. Der Wildspargel verleiht der Tortilla einen dezent bitteren Geschmack.

Zubereitung:
Die Kartoffeln schälen und in dünne Scheiben schneiden. 100 ml Olivenöl in einer Pfanne erhitzen, die Kartoffelscheiben hineingeben und mit 1 Teelöffel Salz würzen. Bei niedriger Hitze etwa 20 Minuten braten, dabei gelegentlich wenden. Überschüssiges Öl abgießen.

Die Eier und 1 Teelöffel Salz mit einem Schneebesen schaumig schlagen und die Kartoffelscheiben vorsichtig unterheben. Etwas ruhen lassen.

Das restliche Öl in einer Eisenpfanne erhitzen und die Kartoffel-Ei-Mischung einfüllen. Den Wildspargel hinzugeben und die Mischung glatt streichen, bei kleiner Hitze einige Minuten stocken und bräunen lassen. Wenden und auf der anderen Seite ebenfalls bräunen lassen.

Die Tortilla schmeckt warm und kalt!

Bauerntortilla

Tortilla payesa
Truita pagesa

Zutaten:
4 Eier
500 g Kartoffeln
2 Tomaten
1 Zwiebel
2 Knoblauchzehen
2 Paprikaschoten
Salz

Zubereitung:
Die Paprikaschoten und die Zwiebeln klein schneiden und die Kartoffeln in Scheiben schneiden, anbraten und würzen. Die Eier aufschlagen und darübergeben. Auf kleiner Flamme stocken lassen.

Brottortilla

Tortilla con pan
Truita amb pa

Zutaten:
1 Scheibe Brot
100 ml Milch
2–3 Eier
Salz
Öl zum Braten

Zubereitung:
Das Brot in Stücke brechen und in Milch einweichen. Die Eier verschlagen, salzen und hinzufügen. Wie eine Tortilla in der Pfanne backen.

Rührei mit Wildspargel

Revuelto de esparragos
Ous remenats amb esparrecs

Zutaten:
500 g Wildspargel
3 EL Olivenöl
2 Knoblauchzehen
8 Eier
1 Msp. Paprikapulver
Salz

In vielen Bauernhäusern der Insel gibt es immer noch einen Hühnerauslauf, in dem die Hühner den ganzen Tag frei herumlaufen können. Die ibizenkischen Hühner sind wie geschaffen für das traditionelle Landleben, denn sie brauchen so gut wie keine Pflege und legen wunderbar schmeckende Eier.

Zubereitung:
Den Spargel in Salzwasser blanchieren. Aus dem Wasser nehmen, abtropfen lassen und in Stücke schneiden. Das Olivenöl in einer Pfanne erhitzen und den gewürfelten Knoblauch glasig dünsten. Den Spargel dazugeben und anbraten. Die Eier verquirlen, über den Spargel gießen und bei niedriger Hitze unter Rühren stocken lassen. Mit Salz und Paprika würzen.

Rührei mit Sobrassada

Huevos con sobrassada
Ous remenats amb sobrassada

Zutaten:
8 Eier
1 Bund Frühlingszwiebeln
100 g Sobrassada
Olivenöl
Salz
1 Handvoll Petersilie

Zubereitung:
Die Frühlingszwiebeln klein schneiden und in Öl andünsten. Die in Stücke geschnittene Sobrassada dazugeben. Die geschlagenen Eier mit 1 Prise Salz abschmecken, hinzufügen und umrühren. Wenn die Eier die gewünschte Festigkeit haben, Petersilie darüberstreuen.

Eiereintopf

Guiso de huevos
Guisat d´ous

Zutaten:
200 g Schweinebauch
4 Scheiben Sobrassada
4 Scheiben Butifarra
1 kg Kartoffeln
1 Handvoll Erbsen
1 Handvoll junge Saubohnen
1 Tomate
½ Zwiebel
2 Knoblauchzehen
1 Handvoll Mandeln, ge-
  röstet
Petersilie
8 Eier
125 ml Olivenöl
Salz
Pfeffer

Zubereitung:
In einer Pfanne mit Öl die klein geschnittene Zwiebel und Tomate und 1 gehackte Knoblauchzehe anbraten. Den in Stücke geschnittenen Schweinebauch und die Würste dazugeben. Mit Wasser bedecken und die klein geschnittenen Kartoffeln, die Erbsen und die Bohnen hinzufügen. Mit Salz und Pfeffer würzen und kochen, bis die Sauce andickt. In einem Mörser 1 Knoblauchzehe, Petersilie und die gerösteten Mandeln zerstoßen und mit 3 Esslöffeln Sauce vermengen. Diese Mischung mit den gekochten, halbierten Eiern in den Eintopf geben. 5 Minuten auf kleiner Stufe kochen lassen und noch einige Minuten ziehen lassen.

FLEISCHGERICHTE

Carne
Carn

Besonders typisch in der ibizenkischen Küche sind Lamm-, Schweine- und Kaninchenfleisch. Rindfleisch gibt es so gut wie gar nicht. `Costelles de xai` (Lammkotelett), `Llomb de porc` (Schweinelende) oder `Conill amb ceba` (Kaninchen mit Zwiebelgemüse) sind beliebte Gerichte. Auch Fleischeintöpfe wie das Bauernragout `Sofrit pagès` werden sehr geschätzt. Geschmort wird bei den Ibizencos vieles; mit Kräutern, Gewürzen, Knoblauch und einem Schuss Wein kommt das Fleisch in den Tontopf (siehe Kapitel `Suppen & Eintöpfe`). Auch Innereien gehören dazu, Gemüse und die deftigen Würste.

Gefüllte Lammkeule, im Ofen gebraten

Pierna de cordero al horno
Cuixa de bastiar farcida al forn

Zutaten:
1 Lammkeule
1 Stk. Schweinefleisch, mager
1 Handvoll Pinienkerne
4 Knoblauchzehen
2 Zwiebeln
Kartoffeln
2 Lorbeerblätter
1 Knoblauchknolle
Petersilie
Fenchel
Thymian
Olivenöl oder Schmalz
1 Glas Weißwein
1 Glas Wasser
1 Msp. Zimt
Salz und Pfeffer
Paprika

Zubereitung:
Den Knochen der Lammkeule entfernen. Für die Füllung das Schweinefleisch in kleine Stücke schneiden und zusammen mit den Pinienkernen und den gehackten Knoblauchzehen anbraten. Mit Salz, Pfeffer, Paprika und Zimt würzen. Die Keule damit füllen und sie zubinden, damit die Füllung nicht austritt. Mit Olivenöl begießen oder mit Schmalz einfetten und auf ein Backblech legen. Die zerteilten Zwiebeln, die klein geschnittenen Kartoffeln, die Lorbeerblätter, die Knoblauchknolle, Petersilie, Fenchel und Thymian um die Keule herumlegen. Je 1 Glas Weißwein und Wasser darübergießen, in den vorgeheizten Ofen schieben und etwa 1 Stunde pro kg Fleisch bei kleiner Hitze backen.

Lamm nach Art der Mauren

Cordero a la morunos
Xai a la moruns

Zutaten:
1 kg Lammschulter
 oder -keule
100 ml Olivenöl
2 Zwiebeln
2 Knoblauchzehen
½ L Brühe
1 EL Rosinen
2 EL Sherry
1 EL Mandeln
½ TL Zimt
½ TL Kreuzkümmel
Salz
Pfeffer

Zubereitung:
Die Rosinen in Sherry einlegen. Die Lammschulter kräftig mit Salz, Pfeffer, Zimt und Kreuzkümmel einreiben. Das Olivenöl in einem Schmortopf erhitzen, die gehackten Zwiebeln und den Knoblauch anbraten und glasig dünsten. Das Fleisch hineingeben und von allen Seiten anbraten, dann die Brühe angießen und so viel Wasser zufügen, dass das Fleisch bedeckt ist. Bei mittlerer Hitze etwa 1 Stunde zugedeckt schmoren lassen, evtl. noch etwas Wasser nachgießen. Kurz vor Ende der Garzeit die Rosinen und die grob gehackten Mandeln zugeben. Mit Salz und Pfeffer abschmecken.

Lammkotelett mit gebratenem Knoblauch

Costillas de cordero con ajos fritos
Costelles de xai amb all

Zutaten:
8 kleine Lammkoteletts
20 Knoblauchzehen,
 ungeschält
15 schwarze Oliven
1 Handvoll Petersilie
150 ml Olivenöl
Salz
Pfeffer
Rosmarin

Zubereitung:
Die Knoblauchzehen in Olivenöl goldgelb frittieren, die fein gehackten Oliven dazugeben, kurz anschwitzen und Petersilie und Rosmarin untermischen. Aus dem Öl nehmen und warm stellen.

Die Lammkoteletts mit Salz und Pfeffer würzen und in einer separaten Pfanne in Olivenöl von beiden Seiten je 4 Minuten braten. Mit der Knoblauch-Oliven-Mischung anrichten!

Milchlamm aus dem Ofen

Cordero lechal al horno
Xai al forn

Zutaten:
Rücken und Keulen eines
  Milchlamms (etwa 2 kg)
8 Knoblauchzehen
2 Handvoll Petersilie
2 Zweige Thymian
100 g Schweineschmalz
½ L Weißwein
Salz
Pfeffer

Zubereitung:
Das Fleisch kräftig mit Salz und Pfeffer einreiben und auf ein Backblech legen. Schmalz in Flöckchen über das Fleisch geben. Den Knoblauch, die Petersilie und die Thymianzweige (am besten den wild wachsenden von der Insel) darauf verteilen. Etwa 30 Minuten bei 220 °C im vorgeheizten Backofen braten.

Das Fleisch wenden und den Wein angießen. Den Ofen auf 175 °C zurückschalten und das Lamm 1 weitere Stunde braten. Während der Garzeit mehrmals mit dem Bratensaft und Wasser begießen.

Lammfilet in der Kartoffel-Kräuterkruste

Solomillo de cordero
Filet anyell amb crosta de herbes i pat

Zutaten:
4 Lammfilets
800 g Kartoffeln, fest
   kochend
1 Handvoll Petersilie
2 Zweige Thymian
Olivenöl
Salz
Pfeffer

Zubereitung:
Zunächst die Lammfilets mit Salz und Pfeffer würzen und in einer Pfanne von jeder Seite kurz anbraten, herausnehmen und abkühlen lassen.

Die Kartoffeln schälen und in sehr feine Streifen raspeln, mit Salz und Pfeffer würzen und die fein gehackte Petersilie und die Thymianblättchen (möglichst den wilden Thymian `Frigola` von der Insel verwenden) untermischen. Die Kartoffelmasse in einem Küchentuch gut ausdrücken, damit sie sich später nicht vom Fleisch löst. Den Teig in 4 Portionen aufteilen. Jede Portion auf Klarsichtfolie zu einem Rechteck ausrollen, je 1 Lammfilet darauflegen und den Kartoffelteig mit Hilfe der Folie über das Fleisch klappen. Den Teig fest an das Filet drücken, dann die Folie vorsichtig entfernen.

Olivenöl in einer Pfanne erhitzen und die Lammfilets bei mittlerer Hitze etwa 3 Minuten von allen Seiten braten. Herausnehmen und im vorgeheizten Backofen bei 70 Grad etwa 10 Minuten garen. Noch etwas ruhen lassen und dann servieren.

Über Schweinefleisch

Seit 7000 Jahren ist das `Porc negre`, das Schwarze Schwein, auf den Balearen heimisch, „schwarz" wegen seiner dunklen Haut. Es wird mit Bohnen, Johannisbrot, Eicheln und Feigen gefüttert und bekommt so seinen besonderen Geschmack!

Schweine sind besonders wichtige Lebewesen auf der Insel. Sie spielen eine magische Rolle, deren Höhepunkt am Dreikönigsfest erreicht wird mit dem Schlachtfest (matances, siehe Rezept). Schon im Altertum stellten die Menschen eine Verbindung zwischen Schwein und Mond her, denn es durfte nur bei zunehmendem Mond geschlachtet werden.

Schweinelende mit Kohl

Lomo de cerdo con col
Llom de porc amb col

Zutaten:
1 kg Schweinelende ohne
  Knochen
24 zarte Weißkohlblätter
200 g Speck, durchwachsen
150 g Sobrassada
1 Zwiebel
2 reife Tomaten
2 EL Schmalz
125 ml Weißwein
100 ml Olivenöl
4 Knoblauchzehen
1 Zweig Thymian
100 g Mandeln
100 g Rosinen
50 g Pinienkerne
30 g schwarze Oliven,
  entkernt
1 Handvoll Petersilie
Salz
Pfeffer

Zubereitung:
Die Kohlblätter waschen, blanchieren (d. h. kurz in Salzwasser legen und aufkochen lassen, sodass die Blätter etwas weich werden) und abtropfen lassen. Die Schweinelende in 12 gleich große Stücke schneiden, salzen und in einer Pfanne in 1 Esslöffel Schmalz von beiden Seiten anbraten. Die Kohlblätter ebenfalls in 12 gleich große Stücke schneiden, auf jedes Blatt 1 Stück Lende und etwas Sobrassada legen und fest einwickeln. Eng nebeneinander in eine Tonschüssel (Greixonera) legen, damit sie nicht auseinander fallen. Das restliche Schmalz erhitzen und nacheinander den klein gewürfelten Speck, die fein gehackte Zwiebel, die ganzen Knoblauchzehen und die klein geschnittenen Tomaten anbraten. Dann den Wein angießen. Diese Mischung über die Kohl-Fleischpäckchen geben und den Thymianzweig darauflegen. Im vorgeheizten Backofen bei 200 °C 40 bis 50 Minuten schmoren. Nach der Hälfte der Garzeit die Form mit einem Deckel oder einem Stück Alufolie abdecken, damit die Kohlblätter nicht zu dunkel werden.

Für die Sauce die Mandeln in 1 Esslöffel Olivenöl anrösten, abkühlen lassen und im Mörser zerstoßen. Die Pinienkerne und die Rosinen ebenfalls rösten. Die Oliven halbieren und kurz mitbraten. Alles über die Päckchen in der Greixonera streuen. Weitere 10 Minuten im Ofen garen. Vor dem Servieren mit gehackter Petersilie bestreuen.

Spanferkel aus dem Ofen

Lechon al horno
Porcella al forn

Zutaten:
1 kleines Spanferkel
einige kleine Kartoffeln
Schmalz
200 ml Weißwein
¼ L Olivenöl
4 Knoblauchzehen
2 Lorbeerblätter
2 Zitronen, Saft davon
Salz
Pfeffer

Zubereitung:
Man kann das Spanferkel vom Fleischer in 4 Stücke teilen lassen, damit es nicht so groß ist!

Das Backblech und das Spanferkel mit Schmalz einfetten. Das Spanferkel salzen und pfeffern, mit zerdrücktem Knoblauch, Zitronensaft und Weißwein einreiben und auf das Backblech legen. Daneben die Kartoffeln, 2 zerdrückte Knoblauchzehen und die Lorbeerblätter verteilen. In den auf 180 °C vorgeheizten Backofen schieben und etwa 90 Minuten braten. Gelegentlich mit dem Bratensaft begießen.

Schweinekoteletts in Rosmarinsauce

Chuletas al Romero
Costelles de Romero

Zutaten:
4 Schweinekoteletts
2 EL frische Rosmarinnadeln
etwas Tomatenmark
2 reife Tomaten
3 Knoblauchzehen
Olivenöl
250 ml Rotwein
1 EL Paprikapulver, süß
1 Prs. Zucker
Salz
Pfeffer

Zubereitung:
Die Koteletts salzen und pfeffern und in Öl etwa 6 Minuten von jeder Seite braten. Eine Farce aus 1 ½ Esslöffeln fein gehackten Rosmarinnadeln, zerdrücktem Knoblauch, etwas Tomatenmark und Salz herstellen und auf die Koteletts streichen. Das Fleisch 2 Minuten weiter braten, aus der Pfanne nehmen und warm stellen.

Für die Sauce den restlichen Rosmarin mit Paprikapulver und den klein geschnittenen Tomaten im verbliebenen Fett anbraten und den Wein zugießen. Salz, Pfeffer und 1 Prise Zucker dazugeben und 15 Minuten einkochen. Die Koteletts in die Sauce legen und noch einmal aufkochen lassen.

Gegrillte Schweinerippchen

Chuletas a la parrilla
Costelles torrades

Zutaten:
1 kg Schweinerippchen
Olivenöl
Petersilie
1 Zitrone, Saft davon
Knoblauch
Salz

Zubereitung:
Die Rippchen über Nacht in eine Marinade aus Öl, Zitronensaft, Knoblauch, Petersilie, Salz und Pfeffer einlegen. Am nächsten Tag auf dem Grill zubereiten und mit gegrillten Paprikaschoten servieren.

Maurische Fleischspieße

Pinchos morunos
Punxes moruns

Zutaten:
600 g Schweinefilet
2 Knoblauchzehen
5 EL Olivenöl
1 EL Zitronensaft
1 TL Kreuzkümmel
1 Prise Koriander, gemahlen
2 EL Paprikapulver, edelsüß
Salz
Pfeffer

Zubereitung:
Das Fleisch in Würfel schneiden. Den Knoblauch schälen, im Mörser mit 1 Teelöffel Salz zerstoßen und mit den Gewürzen, dem Öl und dem Zitronensaft zu einer Marinade verrühren. Das Fleisch hineinlegen und etwa 2 Stunden zugedeckt kalt stellen. Danach die Fleischwürfel auf Spieße stecken und von jeder Seite etwa 2 bis 3 Minuten grillen.

Zungenragout

Estofado de lengua
Estofat de llengua

Zutaten:
750 g Kalbs- oder Lamm-
    zunge
1 reife, große Tomate
3 Knoblauchzehen
1 Zwiebel
1 Handvoll Petersilie
1 Glas Weißwein
2 Gläser Mineralwasser
Kartoffeln
2 EL Mandeln
1 Eigelb
Olivenöl
2 Lorbeerblätter
3 Nelken
Paprikapulver, edelsüß
etwas Essig
Salz
Pfefferkörner

Zubereitung:
Die Zunge 30 Minuten kochen, das Wasser abgießen und wegschütten. Mit einem Messer die Haut der Zunge abkratzen, bis sie gut geschält ist. Nochmals 30 Minuten in heißem Wasser mit Salz und Essig einweichen. Dann die Zunge in Stücke schneiden und in einer Pfanne mit viel Öl anbraten. Herausnehmen und in demselben Öl die fein geschnittene Zwiebel, die gewürfelte Tomate, die Lorbeerblätter, 2 gehackte Knoblauchzehen und die Petersilie anbraten. Mit einigen Pfefferkörnern, Nelken, Salz und Paprikapulver würzen. Etwas schmoren lassen und dann die Zunge wieder dazugeben. Den Wein und das Mineralwasser angießen.

Die Kartoffeln schälen, kochen, klein schneiden und braten. Beiseitestellen.

Für die Sauce die Mandeln mit heißem Wasser übergießen, damit sie sich leicht schälen lassen. Die Haut abziehen. Zusammen mit 1 Knoblauchzehe, Salz, Petersilie und demEigelb im Mörser zerstoßen, mit etwas Wasser verrühren und zu dem Ragout geben. Die gebratenen Kartoffeln dazugeben und alles noch etwas garen lassen.

Nieren, in Wein gebraten

Rinones al vino
Ranyons amb vi

Zutaten:
500 g Nieren vom Rind,
  Schwein oder Schaf
Essig
1 Zwiebel
2 EL Schweineschmalz
2 EL Olivenöl
1 Glas Weißwein
Knoblauchzehen
1 Zitrone, Saft davon
1 Handvoll Petersilie
Kartoffeln in Scheiben,
  gebraten
Salz

Zubereitung:
Die Nieren mehrmals gut waschen, in Stücke schneiden und in Essig mit Salz einlegen.

Olivenöl und Schmalz in einer Pfanne erhitzen und die Nierenstücke mit den fein gehackten Zwiebeln anbraten. Den Wein dazugießen, etwas salzen.

Geschälte Knoblauchzehen und Petersilie mit Salz in einem Mörser zerdrücken. Den Zitronensaft und einen Schuss Öl zufügen und zu den Nieren geben, ebenso die gebratenen Kartoffelscheiben. Umrühren und bei kleiner Hitze kurze Zeit ziehen lassen.

Leber mit Zwiebeln

Higado con cebolla
Fetge amb ceba

Zutaten:
500 g Leber
¼ L Milch
Olivenöl
3 Zwiebeln
4 reife Tomaten
Oliven, entkernt
1 EL Zitronensaft
Salz
Pfeffer

Zubereitung:
Die Leber 30 Minuten in Milch einlegen, danach häuten und in schmale Streifen schneiden. In Mehl wenden und nicht zu lange in Öl braten, da sie sonst trocken wird. Aus der Pfanne nehmen, zudecken und beiseitestellen.

Die Zwiebeln klein schneiden und in derselben Pfanne glasig dünsten. Die gehäuteten und gewürfelten Tomaten und den Zitronensaft dazugeben, mit Salz und Pfeffer würzen. Zugedeckt bei kleiner Hitze 5 Minuten schmoren lassen. Nun die Leber untermischen und abschmecken. Die Oliven zerkleinern und darüberstreuen.

Podenco ibicenco – Ca eivissenc

Auf Ibiza gibt es eine eigene Hunderasse: den `Podenco ibicenco`.

Kaum ein Tier wird so unverwechselbar mit Ibiza in Verbindung gebracht wie der Podenco ibicenco; die Insel gab ihm sogar seinen Namen.

Soweit die Ibicenker zurückdenken können, jagen sie mit diesen Hunden Kaninchen, da es hier nur wenige andere jagdbare Tierarten gibt. Meistens wird in der Meute gejagt, die aus einem Rüden und 8 bis 10 Hündinnen besteht.

Das Zusammenspiel der Hunde ist hervorragend. Sowie ein Hund die mögliche Beute ausgemacht hat, wird sie von der Meute eingekreist. Hat ein Podenco diese Beute ergriffen, wird sie ihm von keinem Rudelmitglied geneidet. Ein trainierter Podenco ist in der Lage, das Kaninchen lebend zu fangen und beim Jäger abzuliefern. Das Gewehr hat in der traditionellen Hundejagd nichts zu suchen.

Wie der Podenco auf die Insel kam, weiß man nicht so genau. Es gibt mehrere Vermutungen:

Eine Theorie besagt, er sei von den Phöniziern eingeführt worden.

Eine andere meint, es seien die Römer gewesen, da es zu deren Zeiten eine große Kaninchenplage gab und von Rom aus eine Bootsladung mit Jagdhunden gesandt wurde, die dieser Plage ein Ende bereiten sollten.

Eine weitere Vermutung ist, dass der Stammvater des Podenco ibicenco der „Tesem" sei, der Pharaonenhund des alten Ägyptens. Der leichte, windhundartig gebaute Hund mit Stehohren und Ringelschwanz ist einer der ältesten bekannten Hundetypen. Er wird auch mit dem auf Malta beheimateten „Kelb-tal Fenek", was frei übersetzt „Hund des Kaninchens" heißt, in Verbindung gebracht. Die Pharaonen hielten sich Rudel von Jagdhunden, die als besonders wertvoll galten und die sie zur Jagd begleiteten.

Der Podenco sieht dem ägyptischen Gott Anubis, der immer in Form eines Hundes erscheint, sehr ähnlich. Anubis war der Gott, der die Seelen der Verstorbenen in die Unterwelt führte.

In der ägyptischen Mythologie wurden Götter oft als Menschen mit entsprechend unterschiedlichen Tierköpfen dargestellt, denn Tiere schienen den Ägyptern aufgrund ihrer ureigenen Instinkte überlebensfähiger zu sein als Menschen.

Tatsache ist, dass der Podenco zu den ältesten Hunderassen unserer Zeit gehört und dass man seine Geschichte weit zurückverfolgen kann.

Er erinnert im Aussehen am ehesten an einen Windhund. Doch sein Jagdverhalten ist ein anderes: Der Windhund jagt nur mit den Augen, der Podenco aber mit Augen, Ohren und Nase. Während der Verfolgung eines Kaninchens vollbringt er die reinste Akrobatik. Man kann Sprünge von acht Metern erleben, und sogar im „Flug" noch kann er seine Richtung ändern, wenn das Kaninchen einen Haken schlägt.

Er besteht nur aus Haut, Knochen und Muskeln. Kein Gramm Fett ist zu sehen. Seine Ohren sind sehr groß und stehen aufrecht. In der Regel hat er ein kurzes glatthaariges Fell, die Farbe ist vorzugsweise weiß oder rot. Auffallend ist neben den Ohren eine weiße Schwanzspitze. Aber es ist vor allen Dingen sein Auftreten, das diesen Hund von anderen Rassen unterscheidet. Seine Bewegungen wirken vorsichtig und zurückhaltend, sein Gang ist leicht und grazil, fast schwebend.

Beim Spazierengehen trifft man hin und wieder auf einen frei laufenden Podenco. Aber keine Angst, diese Tiere sind sehr scheu und niemals aggressiv!

Eine Besonderheit gibt es noch, die erwähnenswert ist:

beliebt sind Hunde mit einem „Estrella", oder auch das dritte Auge genannt. Es ist ein roter Punkt zwischen den Ohren. Die Göttin Tanit soll die auserwählten Hunde dieser Rasse mit einem Fingerabdruck der heiligen roten Erde von Ibiza gesegnet haben – als lebende Nachfahren des Gottes Anubis.

Knoblauchzöpfe

Kaninchen in Knoblauch

Conejo al ajillo
Conill amb all

Zutaten:
1 Kaninchen, küchenfertig
¼ L Olivenöl
6 Knoblauchzehen
1 Zwiebel
½ L Weißwein
Salz
Pfeffer

Zubereitung:
Das Kaninchen in 8 bis 10 Teile zerlegen, waschen und trocken tupfen, dann salzen und pfeffern. 1/8 Liter Olivenöl in einer Pfanne erhitzen und die Kaninchenstücke darin scharf anbraten. Das Fleisch aus der Pfanne nehmen und in eine Greixonera legen.

Die Knoblauchzehen schälen und in Scheiben schneiden und in dem restlichen Öl goldgelb braten. Die klein geschnittene Zwiebel mitdünsten. Den Wein angießen, aufkochen und über das Kaninchen geben. In dem auf 200 °C vorgeheizten Ofen etwa 1 Stunde garen lassen.

Kaninchen in Mandelsauce

Coneja en salsa de almendra
Conill amb ametlles

Zutaten:
1 Kaninchen, küchenfertig
125 ml Öl
2 Zwiebeln
4 Knoblauchzehen
1 EL Mehl
250 g Tomaten
¼ L Weißwein
¼ L Mineralwasser
100 g Mandeln, gemahlen
2 Zweige Thymian
1 Lorbeerblatt
1 Handvoll Mandelstifte
Salz
Pfeffer

Zubereitung:
Das Kaninchen in Stücke zerteilen und kräftig salzen und pfeffern. Das Olivenöl in einem Schmortopf erhitzen und das Fleisch darin anbraten. Die gehackten Zwiebeln und die in Scheiben geschnittenen Knoblauchzehen dazugeben, mit Mehl bestäuben und die gewürfelten Tomaten untermischen. Mit Weißwein und Wasser löschen. Die gemahlenen Mandeln, den Thymian und das Lorbeerblatt hineingeben, salzen und pfeffern. Zugedeckt bei mittlerer Hitze etwa 45 Minuten köcheln, dabei gelegentlich umrühren. Vor dem Servieren die Thymianzweige und das Lorbeerblatt entfernen und die Mandelstifte über das Kaninchen streuen.

Finca in Sant Antoni

Mariniertes Kaninchen

Conejo escabechado
Conill escabetxat

Zutaten:
1 Kaninchen
4 EL Öl
1 Zwiebel
1 Knoblauchknolle
2 reife Tomaten
2 Lorbeerblätter
10 Pfefferkörner
5 Wacholderbeeren
2 Nelken
einige Safranfäden
1 Msp. Zimt
½ L Weißwein
100 ml Rotweinessig
Salz
Pfeffer

Zubereitung:
Das Kaninchen in Portionsstücke zerteilen, mit Salz und Pfeffer einreiben und mit Mehl bestäuben. Dann in einer Pfanne mit Öl von allen Seiten anbraten. In einer großen Greixonera warm halten.

In einer anderen Pfanne die in Scheiben geschnittene Zwiebel, die Knoblauchknolle und die gewürfelten Tomaten anbraten. Lorbeerblätter, Pfefferkörner, Wacholderbeeren, Nelken, Safran und Zimt mit Wein und Essig aufkochen und über das Kaninchen gießen, bis es ganz mit Flüssigkeit bedeckt ist. Im vorgeheizten Backofen bei 200 °C etwa 1 Stunde schmoren. Die weiche Knoblauchknolle herausnehmen und beim Servieren obenauf legen.

Kaninchen mit Zwiebelgemüse

Conejo con cebolla
Conill amb ceba

Zutaten:
1 Kaninchen, küchenfertig
3 große Zwiebeln
Olivenöl
Essig
6 Knoblauchzehen
½ Bund Thymian
1 Pfefferschote, rot
¼ L Weißwein
2 Zitronen, Saft davon
Salz
Pfeffer

Zubereitung:
Das Kaninchen in Stücke teilen und über Nacht in Öl, Zitronensaft, Essig und Pfeffer einlegen. Die Zwiebeln in Scheiben schneiden und einige Stunden in Salz und Essig marinieren.

Am nächsten Tag die Kaninchenteile salzen und pfeffern und in einem Bräter mit Olivenöl von allen Seiten braten. Herausnehmen und beiseitestellen. Im verbliebenen Bratfett die abgetropften und mit Wasser abgespülten Zwiebeln, die ganzen Knoblauchzehen, den Thymian und die längs halbierte, entkernte und klein geschnittene Paprikaschote dünsten. Mit etwas Weißwein löschen und mit Salz und Pfeffer abschmecken. Die Kaninchenstücke auf das Gemüse legen und den Bräter zugedeckt im auf 180 °C vorgeheizten Ofen etwa 20 Minuten garen. Danach den restlichen Weißwein über das Fleisch gießen und weitere 20 Minuten garen lassen.

Kaninchen mit Gambas und Muscheln nach Art von Mariluz

Conejos con gambas y mejillones de Mariluz
Conill amb gambes i musclos

Zutaten:

1 Kaninchen, küchenfertig
Olivenöl
2 Möhren
Sellerie
2 Zwiebeln
5 Knoblauchzehen in
   der Schale
Miesmuscheln
Gambas
1 Rosmarinzweig
2 Thymianzweige
2 Lorbeerblätter
einige Salbeiblätter
Zitronensaft
¼ L Weißwein
Meersalz, grob
Salz
Pfeffer

Zubereitung:

Das Kaninchen von innen und außen mit Olivenöl einreiben und kräftig salzen und pfeffern. Den Bauch mit den Salbeiblättern, dem Thymian und dem Rosmarin füllen. Mit Zahnstochern verschließen. Öl im Bräter erhitzen und das Kaninchen von beiden Seiten kräftig anbraten. Die klein geschnittenen Möhren, die Lorbeerblätter, die fein gehackten Zwiebeln, die Knoblauchzehen mit der Schale, Salz und Pfeffer dazugeben. Dann in den vorgeheizten Ofen schieben und etwa 1 Stunde bei 180 °C schmoren lassen. Gelegentlich mit Bratenfett und Wasser übergießen. 10 Minuten, bevor das Kaninchen fertig ist, den Weißwein angießen und den Bräter zurück in den Ofen schieben.

Die Miesmuscheln in etwas Weißwein und mit klein geschnittenem Sellerie kochen, bis sie sich öffnen. Den Sud auffangen, das Muschelfleisch aus der Schale lösen und wieder in den Sud geben.

Die Gambas mit Zitronensaft beträufeln und etwas gepressten Knoblauch untermischen. Nach und nach anbraten und mit grobem Salz bestreuen.

Den Bräter aus dem Ofen holen, das Kaninchen herausnehmen und in 6 Portionen teilen.

Die Sauce mit Sahne abschmecken, etwas Muschelsud dazugeben, salzen und pfeffern. Die Kaninchenteile mit den Muscheln und den Gambas wieder hineinlegen und kurz erwärmen.

Mariluz in ihrer Küche

Hühnerbrüstchen in Oliven-Tomatensauce

Pechugo de pollo en salsa de tomate y olives
Pit de pollastre amb salsa de tomaquet i olives

Zutaten:
5 Hühnerbrustfilets
5 EL Olivenöl
3 Knoblauchzehen
1 Zwiebel
600 g Fleischtomaten
5 EL Zitronensaft
1 Handvoll Petersilie
15 schwarze Oliven
Salz
Pfeffer

Zubereitung:
Die Filets in Stücke schneiden und in eine Schüssel legen. Den Zitronensaft mit 3 Esslöffeln Olivenöl, Salz und Pfeffer verrühren und mit dem geschälten und gepressten Knoblauch mischen. Die Filetstücke mit der Marinade vermengen und zugedeckt einige Minuten kalt stellen.

Die Zwiebel fein hacken und in einer Pfanne in dem restlichen Olivenöl andünsten. Die gehäuteten und zerkleinerten Tomaten dazugeben und köcheln lassen. Mit Salz und Pfeffer würzen und die Petersilie darüberstreuen. Die Filets mit der Marinade in die Tomatensauce einrühren und zugedeckt bei mittlerer Hitze 10 Minuten garen. Dann die entkernten Oliven in Scheiben schneiden und untermischen.

Hähnchen in Knoblauchsauce

Pollo con salsa de ajo
Pollastre amb all

Zutaten:
1 Hähnchen
1 EL Mehl
4 EL Olivenöl
1 El Schmalz
4 Knoblauchzehen
1 Zwiebel
6 Tomaten
2 Lorbeerblätter
Salz
Pfeffer
1 Handvoll Petersilie

Zubereitung:
Das Hähnchen zerteilen, mit Salz und Pfeffer würzen und in Mehl wälzen. Überschüssiges Mehl abschütteln. In einer Pfanne Öl und Schmalz erhitzen und die Hähnchenstücke darin kurz von allen Seiten anbraten. Herausnehmen und beiseitestellen. In demselben Fett den fein gehackten Knoblauch und die klein geschnittene Zwiebel andünsten und die gehäuteten, zerkleinerten Tomaten mit den Lorbeerblättern hinzufügen. Die Hähnchenteile wieder hineingeben, umrühren und bei niedriger Hitze köcheln lassen. Mit Salz und Pfeffer abschmecken und Petersilie darüberstreuen.

Putenbrust in Mandelsauce

Pechuga de pavo con salsa almendra
Pit de gall d'indi amb salsa ametlla

Zutaten:
500 g Putenbrust
3 EL Olivenöl
2 Knoblauchzehen
50 g Mandeln, gehackt
1 Lorbeerblatt
1 Zwiebel
2 reife Tomaten
20 g Pinienkerne
¼ L Hühnerbrühe
¼ L Weißwein
Salz
Pfeffer

Zubereitung:
Die Putenbrust in Stücke schneiden und in Olivenöl anbraten. Herausnehmen und beiseitestellen. Den Knoblauch schälen, mit einem Messer zerdrücken und mit der klein geschnitten Zwiebel anbraten. Die Mandeln kurz mit anbraten. Das Lorbeerblatt und die gehäuteten, klein geschnittenen Tomaten hinzufügen und mit Weißwein ablöschen. Die Hühnerbrühe angießen. Das Fleisch wieder in den Topf geben, salzen und pfeffern. 20 Minuten bei niedriger Hitze schmoren. Die Pinienkerne in einer Pfanne ohne Fett 2 bis 3 Minuten anrösten und vor dem Servieren über das Fleisch streuen.

Knusprige Hähnchen

Hähnchen mit Langusten

Pollo con langosta
Pollastre amb llagosta

Zutaten:
1 Hähnchen
2 Langusten
100 ml Olivenöl
1 Gemüsezwiebel
2 reife Fleischtomaten
125 ml Weißwein
¼ L Geflügelfond
1 Lorbeerblatt
2 Knoblauchzehen
1 EL Mandeln, gemahlen
Safranfäden
1 EL Semmelbrösel
1 Handvoll Petersilie
2 cl Brandy
Salz
Pfeffer

Zubereitung:
Das Hähnchen in Stücke zerteilen, mit Salz und Pfeffer würzen. 4 Esslöffel Olivenöl in einen Schmortopf geben und die Hähnchenstücke anbraten. Die gehackte Zwiebel, die gehäuteten, in Würfel geschnittenen Tomaten und das Lorbeerblatt zufügen. Den Weißwein und den Geflügelfond angießen. Bei mittlerer Hitze köcheln lassen.

Den gehackten Knoblauch, die Mandeln, den Safran und die Semmelbrösel mit dem restlichen Olivenöl im Mörser zerstampfen. In den Schmortopf geben. Die Langusten halbieren und 10 Minuten in der Sauce ziehen lassen. Mit Salz und Pfeffer abschmecken.

Hahn auf einem alten Weinfass

Rothuhn mit Kohl

Perdiz con col
Perdiu amb col

Zutaten:
4 Rothühner, küchenfertig
1 Weißkohl
100 g Speck
500 g reife Tomaten
2 Möhren
2 Zwiebeln
500 ml Geflügelfond
1 EL Mehl
250 ml Weißwein
Olivenöl
2 Lorbeerblätter
Salz
Pfeffer

Rothühner kamen früher auf den Tisch der Könige. Sie wurden nur zu besonderen Anlässen zubereitet. Die Redewendung „Fueron felices y comieron perdices!" („Sie waren glücklich und aßen Rothühner!") zeigt auch heute noch den Stellenwert dieser Tiere. Bekommt man keine Rothühner, kann man ersatzweise auch Rebhühner nehmen, denn beide sind miteinander verwandt.

Zubereitung:
Die Rothühner waschen, trocken tupfen und innen und außen mit Salz und Pfeffer einreiben. In jedes Huhn 1 Stück Speck von etwa 25 g legen. Mit Küchengarn umwickeln. Olivenöl in einer Pfanne erhitzen und die Hühner von allen Seiten goldgelb anbraten, dann herausnehmen und beiseitestellen. In demselben Bratenfett die klein gehackten Zwiebeln und die in Scheiben geschnittenen Möhren anbraten, die gehäuteten, entkernten und in Würfel geschnittenen Tomaten, den Wein und die Lorbeerblätter dazugeben und 10 Minuten leise kochen lassen. Das Mehl und die Brühe zufügen und einige Minuten weiter köcheln lassen. Die Hühner in Greixonera legen, mit der Gemüsebrühe übergießen, sodass sie bedeckt sind, und zugedeckt etwa 45 Minuten schmoren.

Den Kohl in Salzwasser kochen und abgießen. Die Blätter abtrennen, abtropfen lassen und in einer Pfanne kreisförmig auslegen. Mit Mehl bestäuben und in heißem Öl braten. 5 Minuten vor Ende der Garzeit des Eintopfs die Kohlblätter zugeben.

Am besten schmeckt das Schmorgericht, wenn man es einen Tag vorher kocht, damit es richtig durchziehen kann.

Geschmorte Bohnen mit Rothuhn

Judias estofadas con perdiz
Mongetes amb perdiu

Zutaten:
4 Rothühner, küchenfertig
250 g weiße Bohnen
100 ml Olivenöl
1 EL Mehl
1 Zwiebel
3 Knoblauchzehen
2 Nelken
1 Lorbeerblatt
¼ L Weißwein
etwas Essig
Salz
Pfeffer

Zubereitung:
Die Bohnen über Nacht einweichen. Am nächsten Tag mit frischem Wasser etwa 30 Minuten kochen.

Die Rothühner mit Salz und Pfeffer einreiben und in Mehl wenden. In einem Schmortopf das Olivenöl erhitzen und die Hühner von allen Seiten goldgelb braten. Die zerkleinerte Zwiebel, den gehackten Knoblauch, die Nelken und das Lorbeerblatt zufügen und anrösten. Mit Weißwein ablöschen und die Bohnen mit dem Kochwasser zugeben. Zugedeckt bei mittlerer Hitze etwa 45 Minuten schmoren lassen. Mit Salz, Pfeffer und Essig abschmecken.

Wachteln mit Feigen

Codornices con hijo
Guatlle amb Xereques

Zutaten:
4 Wachteln, küchenfertig
1 Kräuterstrauß
2 Lorbeerblätter
2 Zwiebeln
8 Feigen
250 ml Weißwein
Salz
Pfeffer

Zubereitung:
Die Wachteln waschen und trocken tupfen, mit Salz und Pfeffer einreiben. Mit Küchengarn in Form binden, mit Mehl bestäuben und mit den Lorbeerblättern und dem Kräuterstrauß in eine gefettete feuerfeste Form legen. Im vorgeheizten Backofen bei 240 °C etwa 10 Minuten garen, bis das Mehl gebräunt ist. Die Wachteln wenden, die geschälten Feigen dazugeben und den Wein angießen. Den Ofen auf 175 °C zurückschalten und weitere 10 Minuten garen.

Es Vedra, der sagenumwobene Zauberberg

Einer der ungewöhnlichsten Orte Ibizas ist Es Vedra, eine Felsinsel, die etwa 5 km vor der Westküste liegt. Ein gewaltiger Felsen ragt 382 m steil aus dem blauen Meer. Sein majestätisches Aussehen verleitet die Menschen immer wieder dazu, ihm magische Eigenschaften zuzuschreiben.

Es gibt auf Ibiza wohl keinen anderen Ort, um den sich so viele Legenden ranken. Angeblich war der Felsen das „Haus der Sirenen", von dem in der Odysseus-Sage berichtet wird. Ihr Gesang zog Odysseus so magisch, dass sein Schiff an den Klippen zerschellte.

Eine starke magnetische Kraft soll von Es Vedra ausgehen, die ein seltsames Phänomen erzeugt: Brieftauben verlieren beim Überfliegen ihre Orientierung. Der Fels trägt eine sehr hohe Konzentration von Metallen in sich, die magnetische Felder erzeugen.

Aber wer möchte schon wissenschaftliche Erklärungen haben, ist doch der Mythos viel schöner, denn um all diese rätselhaften Erscheinungen ranken sich Geschichten und Märchen wie z. B. dieses:

Auf Ibiza lebte einst ein sehr kluger Mann namens Pedro. Er war so klug, dass er auf alles eine Antwort wusste und damit sogar seinen Lebensunterhalt bestreiten konnte.

Eines Tages kam ein Fischer zu ihm und berichtete von einem Leuchten, das er auf Es Vedra gesehen habe. Woher es nur komme?

Zum ersten Mal wusste Pedro keine Antwort auf eine Frage. Das war ihm so unangenehm, dass er sofort zu der Felseninsel hinüberruderte. Dort angelangt, wurden seine Glieder immer schwerer, und kurz darauf schlief er auch schon ein. Am nächsten Morgen erwachte er durch die Sonne, die ihm ins Gesicht schien. Er fühlte sich jetzt ganz leicht und frisch. Doch je höher er zum Gipfel kletterte, desto schwerer wurden seine Beine; er fühlte sich schlapp, und zum Abend hin schlief er wieder ein. Am nächsten Morgen weckte ihn eine Ziege, und Pedro fühlte sich so kräftig, dass er schnell den Gipfel erreichte. Von dort hatte er in der Abenddämmerung einen herrlichen Blick. Da geschah es: Als sich das Sonnen- und das Mondlicht trafen, entzündete sich ein Felsbrocken! Er strahlte so hell, dass Pedro ohnmächtig wurde. Am nächsten Morgen erwachte er, und sofort erinnerte er sich an das Geschehen des letzten Abends. Der Felsbrocken lag neben ihm. Er hob ihn auf – er war leicht wie eine Feder – und steckte ihn ein.

Pedro ruderte zurück nach Ibiza, wo ihn der Fischer schon erwartete. Er zeigte ihm den Stein, der jetzt jedoch viel schwerer war. Der Fischer war enttäuscht, als er den einfachen Stein sah, und glaubte dem angeblich so klugen Mann nicht. Pedro legte den Stein auf den Boden und sagte, er solle sich bis zum Abend gedulden, dann sähe er, dass sich der Stein entzünde.

Mit der beginnenden Dämmerung kam über Es Vedra eine seltsame Stimmung auf: Die Vögel flatterten unruhig, und das Meer war aufgewühlt. Plötzlich fuhr ein Blitz über die Felseninsel und spaltete den Gipfel in zwei Teile! Pedro hob den Stein auf und hielt ihn fest in seinen Händen, doch statt zu leuchten zog er ihn wie ein Magnet über die stürmische See hin zum Gipfel von Es Vedra. Dort verlor Pedro den Stein; der fiel zu Boden und begann sofort hell zu leuchten. Und plötzlich hörte Pedro eine Stimme: „Was maßt ihr Menschen euch an! Ihr wollt Wunder ergründen und bringt damit Unglück über die ganze Welt. Du hast am eigenen Leib erfahren, als du hierhergekommen bist, dass du dich morgens leicht wie eine Feder gefühlt hast, abends jedoch schwer wie Blei. Wenn die Kraft der Sonne und des Mondes auf diesen Stein treffen, dann entzündet er sich und verbrennt alle Sorgen der Menschen. Die magische Kraft von Es Vedra macht den Menschen frei von Kummer und stark für den nächsten Tag.

Nun, du kluger Mann, bist du jetzt weiser als alle anderen? Du musst von heute an allein mit deinen Sorgen fertig werden. Wer den Dingen allzu genau auf den Grund geht, der wird selbst zugrunde gehen!"

Pedro kehrte nie wieder nach Ibiza zurück und lebte auf Es Vedra, bis ihn seine Sorgen erdrückten.

Es Vedra wird auch der „Wunschfelsen" genannt. An diesem magischen Ort sollen alle Wünsche in Erfüllung gehen. Wer einmal Es Vedra im rotgelben Licht der untergehenden Sonne gesehen hat, versteht die Magie dieses Ortes.

Auf Ibiza, in der Bucht gegenüber Es Vedra, finden sich bis heute Menschen ein, um gemeinsam zu meditieren und sich mit der magischen Kraft aufzuladen.

Im 19. Jahrhundert kam der Karmelitermönch Francisco Palau auf die Felseninsel, um hier zu meditieren und eben diese besondere Kraft von Es Vedra in sich aufzunehmen. Er züchtete Ziegen, die einzigen großen Säugetiere, die bis heute überlebt haben. Sie ziehen in kleinen Herden über die Felsen und zeigen sich wenig beeindruckt von der Mystik.

Es Vedra

Zickleinkeule aus dem Ofen

Paletilla de cabrito al horno
Espatlla de cabrit al forn

Zutaten:
1 Zickleinkeule, etwa 1,5 kg
125 ml Olivenöl
1 kg Kartoffeln
7 Knoblauchzehen
1 Zwiebel
2 reife Tomaten
1 Lorbeerblatt
1 Zweig Thymian
2 Zweige Rosmarin
125 ml Weißwein
Salz
Pfeffer

Zubereitung:
Die Keule waschen und abtrocknen. Mit Salz und Pfeffer einreiben. Das Öl in einem Bräter erhitzen und die Keule von allen Seiten scharf anbraten, dann aus dem Bräter nehmen und den gehackten Knoblauch und die gewürfelte Zwiebel darin andünsten. Thymian und Lorbeer hinzufügen und mit dem Weißwein ablöschen. Die Keule wieder hineinlegen und im vorgeheizten Backofen bei 175 °C etwa 1 ½ Stunden garen. Nach 30 Minuten wenden und die geviertelten Kartoffeln, die gewürfelten Tomaten und Wasser dazugeben. Die Keule mehrmals mit dem Bratensaft begießen. 20 Minuten vor Ende der Garzeit die Rosmarinzweige hineinlegen.

FISCH & MEERESFRÜCHTE

Pescados y mariscos
Peix i marisc

Ibiza ohne Fischerei ist gar nicht vorstellbar. Ein Zeichen dafür sind die vielen aus Latten gezimmerten Bootsgaragen mit ihren großen hölzernen Toren und den Bohlenrampen an den Stränden.

Fische gibt es reichlich, so findet man rund um die Insel unter anderem Raya (Rochen), Mero (Zackenbarsch), Merluza (Seehecht), Rape (Seeteufel), Gallo (Flügelbutt), Lubina (Wolfsbarsch) sowie die Dorade (Goldbrasse). Sehr beliebte Gerichte sind `Tonyina a l´eivissenca` (Thunfisch mit Rosinen), `Burrida de ratjada` (Rochen in Mandelsoße) oder `Rap a la marinera` (Seeteufel nach Seemannsart). Das Angebot an Meeresfrüchten ist ebenfalls riesig und reicht von Gambas über Langostas und Bogovante (Hummer) bis hin zu verschiedenen Arten von Tintenfischen, die man auf unterschiedliche Weise zubereiten kann, z. B. `Calamars amb ceba` (Tintenfisch mit Zwiebelgemüse) oder `Frita de polp` (Krakenkasserolle). Die Königin der Meeresfrüchte ist die Languste, die `a la eivissenca` zubereitet wird. Das typischste ibizenkische Fischgericht ist jedoch der `Guisat de peix` (Fischeintopf).

Rochenragout

Raya
Burrida de rajada

Zutaten:
1 kg Rochen
1 Zitrone, Saft davon
2 Knoblauchzehen
2 EL Brot, gerieben
50 g Mandeln, gemahlen
2 reife Tomaten
1 Handvoll Petersilie
4 EL Olivenöl
125 ml Fischfond
2 Eier
1 EL Mandelblättchen
Salz

Zubereitung:
Den Rochen häuten und in Streifen schneiden. In Salz und Zitronensaft etwa 3 Stunden marinieren, um den Ammoniakgeruch zu beseitigen.

In einem Mörser den gehackten Knoblauch und die fein geschnittene Petersilie, das geriebene Brot und die Mandeln mit 2 Esslöffeln Olivenöl zu einer Paste zerreiben. Die enthäuteten und gewürfelten Tomaten in dem restlichen Olivenöl anschmoren. Den Fischfond angießen und die Paste zugeben. Aufkochen lassen, vom Herd nehmen und die Eier einrühren. Die Fischstreifen in eine feuerfeste Form legen und die Sauce darübergießen. Im vorgeheizten Ofen bei 175 °C etwa 20 Minuten garen. Zum Schluss mit Mandelblättchen bestreuen.

Fischtopf

Guiso de pescado
Guisat de peix

Zutaten:
Fischfond:
500 g Fischabfälle (Köpfe,
 Schwänze, Gräten usw.)
300 g Fischfilet
3 Stängel Stangensellerie
1 Lorbeerblatt
1 Lauchstange
½ Zwiebel
1 TL Thymian
3 Pfefferkörner
½ TL Salz

Eintopf:
300 g Fisch pro Person
 (Seeteufel u. Goldbrasse)
2 Kartoffeln pro Person
1 Gemüsezwiebel
3 reife Tomaten
1 rote Paprikaschote
1 grüne Paprikaschote
1 Knoblauchknolle
1 Handvoll Mandeln
3 Zweige Petersilie
1 Lorbeerblatt
Olivenöl
Safran
Fischfond
Salz und Pfeffer

Picada:
einige Scheiben Brot
200 ml Weißwein, trocken
220 ml Fischfond
3 Knoblauchzehen
1 Handvoll Mandeln
Pfeffer
1 Nelke
Safran

`Picada` heißt Gehacktes und ist eine Mischung aus Knoblauch, Gewürzen und Mandeln, im Mörser klein gestoßen und mit etwas Flüssigkeit angedickt, und wird den Gerichten vor Ende der Garzeit beigegeben.

Zubereitung:
Für den Fischfond alle Zutaten 5 Minuten kochen, dann auf kleiner Hitze 30 Minuten köcheln lassen. Abseihen und beiseitestellen.

In einem Bräter das Öl erhitzen, die in Stücke geschnittenen Kartoffeln, die Knoblauchzehen und die klein geschnittene rote Paprikaschote hineingeben. Mit Salz, Pfeffer und Safran würzen. Die klein gewürfelten Tomaten, die in feine Streifen geschnittene grüne Paprikaschote, die gehackte Zwiebel und Petersilie zufügen. Mit Fischfond aufgießen und alles aufkochen lassen. Vom Herd nehmen. Die Fische säubern, in Stücke schneiden und in den Bräter hineinlegen. Bei kleiner Hitze 15 Minuten ziehen lassen.

Für die Picada das Brot in einer Pfanne rösten. Den Safran und die Mandeln in einem Mörser zerstoßen und den Wein, den Pfeffer, die Nelke und den Fischfond hinzufügen. Kurz vor Ende der Garzeit in den Eintopf geben.

Diesen Fischtopf mit Aioli servieren!

Fischeintopf nach Art von Pepita

Guiso de pescado
Guisat de peix

Zutaten:
2 kg Fischfilet, verschiedene
  Sorten
8 große Garnelen
1 L Wasser oder Fischbrühe
50 g Sobrassada
1 Zwiebel
2 reife Tomaten
1 Handvoll Petersilie
3 Knoblauchzehen
1 grüne Paprikaschote
500 g Kartoffeln
100 g grüne Bohnen
1 Handvoll schwarze Oliven
Olivenöl
Paprikapulver, süß
Meersalz

Zubereitung:
Die in Stücke zerteilten Fischfilets mit etwas Salz und Paprikapulver würzen. Den fein geschnittenen Knoblauch und die gewürfelte Zwiebel in einer Pfanne in Olivenöl dünsten. Die Paprikaschote, die Tomaten und die Sobrassada klein schneiden und mit der Petersilie dazugeben. 1 Liter Wasser oder Fischbrühe zugießen. Wenn die Flüssigkeit anfängt zu kochen, die Kartoffeln in Scheiben und die fein geschnittenen Bohnen zufügen. Wenn die Kartoffeln gar sind, den Fisch und die Meeresfrüchte zugeben. Mit Salz abschmecken und weitere 3 Minuten kochen lassen. Dann die entkernten Oliven darüber verteilen.

Gebackener Zackenbarsch

Mero al horno
Anfos al forn

Zutaten:
1 Zackenbarsch, etwa 2 kg
500 g Kartoffeln
2 Zwiebeln
2 Knoblauchknollen
4 reife Tomaten
1 rote Paprikaschote
1 grüne Paprikaschote
200 ml Weißwein
1 Zitrone
Petersilie
Olivenöl
Salz
Pfeffer

Zubereitung:
Den Zackenbarsch waschen, trocken tupfen und innen und außen mit Salz und Pfeffer einreiben. Ein Backblech mit Olivenöl einfetten und den Fisch darauflegen. Um ihn herum die in Scheiben geschnittenen Kartoffeln, die Knoblauchzehen und die in Streifen geschnittenen Paprikaschoten verteilen. Die Zitrone in Scheiben schneiden und 1 Scheibe in den Fisch legen, die restlichen an seine Seiten. Mit wenig Olivenöl begießen. In den vorgeheizten Backofen schieben und bei 180 °C etwa 40 Minuten garen. Nach der Hälfte der Garzeit den Fisch mit Weißwein begießen und Petersilie darüberstreuen, salzen und pfeffern. Weiter backen, bis er gar ist.

Bootsgaragen

St. Petersfisch aus dem Ofen

Gallo al horno
Gall all forn

Zutaten:
2 Flügelbutts à 1 kg,
  küchenfertig
500 g Kartoffeln
2 grüne Paprikaschoten
2 reife Tomaten
2 Zwiebeln
4 Knoblauchzehen
200 ml Weißwein
¼ L Fischbrühe
100 ml Olivenöl
1 Lorbeerblatt
Salz
Pfeffer

Zubereitung:
Die Kartoffeln in Scheiben schneiden und nicht ganz gar kochen. Die gehäuteten und in Würfel geschnittenen Tomaten und den gehackten Knoblauch mit dem Lorbeerblatt in einer Pfanne dünsten. Den Backofen auf 200 °C vorheizen. Die Kartoffeln mit den zerkleinerten Zwiebeln und Paprikaschoten in einen Schmortopf geben, die gesäuberten Fische dazulegen und mit Olivenöl begießen. Die Tomaten, den Knoblauch und das Lorbeerblatt hinzufügen und mit der Fischbrühe aufgießen. Den Topf in den Ofen schieben. Nach etwa 15 Minuten den Weißwein angießen und weitere 10 Minuten im Ofen schmoren.

Seeteufel nach Seemannsart

Rape a la marinera
Rap a la marinera

Zutaten:
4 Filets vom Seeteufel
4 Riesengarnelen, gekocht
1 Zwiebel
3 Knoblauchzehen
1 Handvoll Mandeln,
   geschält
1 Handvoll Petersilie
1 Scheibe Weißbrot, geröstet
2 EL Weißwein
¼ L Fischfond
100 ml Olivenöl
Mehl
Salz
Pfeffer

Zubereitung:
Die Filets waschen, trocken tupfen, salzen und pfeffern. In Mehl wenden und von allen Seiten in Ölivenöl anbraten, dann in eine feuerfeste Form legen. Im restlichen Öl die klein geschnittene Zwiebel glasig dünsten. Die Mandeln und die in Scheiben geschnittenen.

Knoblauchzehen untermischen und anrösten. Die gehackte Petersilie und die Brotscheibe dazugeben, den Weißwein angießen und aufkochen. Die Sauce pürieren, anschließend den Fischfond hinzufügen, nochmals aufkochen und über den Fisch gießen. Im vorgeheizten Ofen bei 175 °C etwa 10 bis 15 Minuten garen. Vor dem Servieren die Riesengarnelen darüber verteilen.

Rafael (r.) nach erfolgreichem Fang

Seeteufel mit Riesengarnelen

Rape con gambas
Rap amb gambes

Zutaten:
600 g Seeteufel
8 Riesengambas
4 Limetten
1 TL Estragon, getrocknet
10 schwarze Pfefferkörner
6 Eigelb
5 g Speisestärke
125 ml Sahne
1 Prs. Zucker
3 Zweige Estragon
1 TL Salz

Zubereitung:
Die Schale von 1 Limette in feine Streifen schneiden (am besten mit einem Juliennereißer) und beiseitestellen. 2 Limetten auspressen. ½ Liter Wasser mit 6 Esslöffeln Limettensaft, Estragon, Pfefferkörnern und Salz 8 Minuten kochen, dann durch ein Sieb in einen Topf gießen.

Den Seeteufel in 16 Stücke teilen. Die Garnelen aus der Schale lösen, längs halbieren und die Därme entfernen.

Die Eigelbe mit 1/8 Liter Estragonsud und Stärke verquirlen und beiseitestellen. Den restlichen Estragonsud aufkochen, die Fischstücke hineingeben und bei milder Hitze zugedeckt 3 Minuten garen. Die Garnelen zufügen und 1 Minute weitergaren. Dann den Fisch und die Garnelen mit einem Schaumlöffel herausheben. Die Sahne in den Sud gießen und aufkochen. Die angerührten Eigelbe mit dem Schneebesen 1 bis 2 Minuten lang unterrühren. Die Sauce mit Zucker und eventuell Salz würzen. Den Fisch und die Garnelen unterheben und mit den Limettenschalen-Juliennes dekorieren.

Seeteufel in Mandelsauce

Rape en almendrada
Rap a ametllada

Zutaten:
400 g Kartoffeln
800 g Seeteufel
1 Zitrone, Saft davon
2 Eier
100 g Mandeln, geschält
¼ L Weißwein
Olivenöl
Salz
Pfeffer

Zubereitung:
Den Fisch salzen und pfeffern, mit Zitronensaft beträufeln und in Mehl wenden. In einer Pfanne hellbraun braten.

Die Kartoffeln schälen, in Würfel schneiden und in Öl goldgelb braten, warm stellen.

Für die Mandelsauce die Eier, die Mandeln und den Weißwein in einer Schüssel verrühren und im Wasserbad cremig aufschlagen.

Wolfsbarsch mit Kartoffeln

Lubina con patatas
Llobarro amb patata

Zutaten:
1 kg Wolfsbarsch
1 EL Mehl
500 g Kartoffeln
1 Knoblauchknolle
2 TL Paprikapulver, süß
1 TL Meersalz
1 Tasse Olivenöl
Salz
Pfeffer

Zubereitung:
Den Fisch waschen, trocken tupfen, in Scheiben schneiden, in Mehl wenden und beiseitestellen.

Eine Picada zubereiten: Knoblauchzehen, Salz und Pfeffer im Mörser zerstoßen und etwas Öl dazugeben, bis es eine dickliche Paste wird.

Das restliche Öl in einer Pfanne erhitzen. Die Knoblauchpaste dazugeben und unter Rühren anbräunen lassen. Wasser zufügen und die in Scheiben geschnittenen Kartoffeln darin garen. Nach 10 Minuten die Fischscheiben dazugeben und weitere 10 Minuten köcheln lassen. Mit Salz und Pfeffer abschmecken.

Goldbrasse mit Gemüse aus dem Ofen

Dorada con verduras al horno
Orada amb verduras al forn

Zutaten:
1 Goldbrasse, etwa 1,2 kg
1 Handvoll Petersilie
1 Handvoll Thymian
2 Zwiebeln
4 Kartoffeln
300 g Blattspinat
2 Möhren
2 Knoblauchzehen
4 reife Tomaten
100 ml Olivenöl
15 ml Weißwein
Salz
Pfeffer

Zubereitung:
Die Goldbrasse waschen und trocken tupfen. Mit einem scharfen Messer die Haut mehrmals einritzen. Den Fisch innen und außen mit Salz, Pfeffer und den Kräutern einreiben. Eine feuerfeste Form ausfetten. Die Zwiebeln und die Kartoffeln in dünne Scheiben schneiden und in die Form legen. Den Spinat blanchieren und auf den Kartoffeln verteilen, darüber die in dünne Scheiben geschnittenen Möhren. Den fein gehackten Knoblauch darüberstreuen. Den Fisch auf dieses Gemüsebett legen, mit Olivenöl begießen und die Form mit Alufolie verschließen. Im vorgeheizten Backofen bei 200 °C 15 Minuten backen. Aus dem Ofen nehmen, die Folie entfernen, die gehäuteten und gewürfelten Tomaten dazugeben und den Weißwein angießen. Ohne Folie etwa weitere 15 Minuten garen lassen.

Auf dem Fischmarkt in Santa Eulalia

Merluza, der sprechende Fisch

Der Fischer Juan kam schon seit Tagen mit leerem Netz nach Hause. Seine Frau, die stets nörgelte, schimpfte nun noch mehr mit ihm, denn ohne Fische konnte sie nicht zum Markt gehen; sie hatte dann nichts zu verkaufen.

Eines Abends warf Juan erneut sein Netz aus, und müde zog er es in der Morgendämmerung wieder herauf. Und siehe, es hatte sich ein einziger Fisch darin verfangen: ein Merluza, ein Seehecht, ein besonders schönes Exemplar! Juan nahm ihn und war glücklich, wenigstens einen Fisch gefangen zu haben. Da fing der Fisch an zu sprechen: „Tötest du mich, kommt Unheil über dich! Lässt du mich jedoch am Leben, bringe ich dir Glück." Der Fischer war zu Tode erschrocken. Ein sprechender Fisch! Er dachte an seine Frau, dachte daran, dass er tagelang nichts gefangen hatte, doch er brachte es nicht fertig, diesen besonderen Fisch zu töten, und warf ihn wieder ins Wasser. Da hörte er erneut die Stimme: „Danke! Wirf dein Netz aus, und du wirst reiche Beute machen!" Kaum hatte er sein Netz ins Wasser geworfen, füllte es sich mit herrlichen Fischen.

Zu Hause angekommen, schimpfte seine Frau über sein langes Ausbleiben und nahm den reichen Fischfang als selbstverständlich entgegen. Am Abend erzählte er ihr von seiner wundersamen Begegnung mit dem sprechenden Fisch. Doch statt sich mit ihm zu freuen, schlug sie ihn und schalt ihn einen Dummkopf. Hätte er den sprechenden Fisch mitgebracht, wären sie nun reiche Leute! Sie befahl ihm, den Fisch zu fangen und mitzubringen.

Erneut fuhr er nachts mit seinem Boot aufs Meer und tatsächlich, im Morgengrauen befand sich der Merluza wieder in seinem Netz. Auch diesmal sprach der Fisch zu ihm: „Lass mich leben, ich verspreche dir ein Netz voller Fische!" Juan dachte an seine Frau, die ihn grün und blau geschlagen hatte, legte den Fisch in seinen Korb und wollte gehen. Wieder hörte er die Stimme des Merluzas, der um seine Freilassung bat. Der gutmütige Juan brachte es wieder nicht übers Herz, ihn zu töten, und warf den Fisch ins Wasser. Ehrlich wie er war, erzählte er seiner Frau, was sich zugetragen hatte. Sie nannte ihn einen Idioten und prügelte ihn aus dem Haus.

Juan ging zu seinem Boot und ruderte nachts hinaus aufs Meer. Wie er gehofft hatte, verfing sich der Merluza auch in dieser Nacht in seinem Netz. Es war ihm gleich, ob der Fisch wieder zu sprechen begann, dieses Mal wollte er den Seehecht zu seiner Frau bringen. Doch ob er wollte oder nicht, die Stimme drang zu ihm: „Willst du als guter Fischer in den Himmel kommen oder als Tölpel von Ehemann in die Hölle?" Was für eine Frage, dachte Juan und sagte laut: „Natürlich will ich in den Himmel!" „Gut", meinte der Fisch, „dann lass mich frei, und ich bringe dir Glück." Und wieder ließ sich Juan überreden und warf zum dritten Mal den Fisch ins Wasser. Der Merluza sprach ein letztes Mal zu dem Fischer: „Du brauchst keine Sorge wegen deiner Frau zu haben, du wirst sie nicht mehr sehen, denn sie ist tot."

Von nun an lebte der Fischer Juan, stets mit einem Netz voller Fische, glücklich und zufrieden bis an sein Lebensende.

Seehecht

Merluza
Lluc

Zutaten:
4 Scheiben Seehecht
250 g Venusmuscheln
200 g Erbsen
1 Gemüsezwiebel
4 Knoblauchzehen
Mehl
Olivenöl
¼ L Weißwein
Salz
Pfeffer

Zubereitung:
Den Fisch waschen, trocken tupfen, salzen und in Mehl wenden. Öl in einer Pfanne erhitzen, den fein gehackten Knoblauch und die klein gewürfelte Zwiebel darin glasig dünsten. Den Fisch dazugeben und auf beiden Seiten kurz anbraten. Den Weißwein und die Muscheln hinzufügen. Zugedeckt etwa 10 Minuten bei kleiner Hitze ziehen lassen. Dann die Erbsen untermischen und erhitzen.

Thunfisch mit Oliven und Kapern

Bonito con aceitunas y alcaparras
Tonyina amb olives i taperes

Zutaten:
4 Scheiben Thunfisch
125 ml Weißwein
2 EL Sherryessig
1 Lorbeerblatt
2 Zweige Thymian
6 Pfefferkörner
2 Knoblauchzehen
100 ml Olivenöl
1 Zwiebel
200 g Oliven, entsteint,
  gehackt
1 EL Kapern
Salz
Pfeffer

Zubereitung:
Den Thunfisch waschen, trocken tupfen und in eine Schüssel legen. Aus Weißwein, Essig, den Knoblauchzehen, dem Lorbeerblatt, Thymian, Salz und den Pfefferkörnern eine Marinade anrühren und über den Fisch gießen. 1 bis 2 Stunden darin ziehen lassen. Dann den Fisch aus der Marinade nehmen und abtropfen lassen. Die Marinade aufheben, aber den Thymian und das Lorbeerblatt entfernen.

Das Olivenöl in einer Pfanne erhitzen und die in Ringe geschnittene Zwiebel darin glasig dünsten. Die Marinade und 1/8 Liter Wasser angießen, die Oliven und die Kapern zufügen. Einkochen lassen und mit Salz und Pfeffer abschmecken.

Die Thunfischscheiben in eine gefettete feuerfeste Form legen, die Sauce darüber verteilen und im vorgeheizten Backofen bei 200 °C etwa 20 Minuten garen.

Gebratener Katzenhai

Lija frita
Gato frit

Zutaten:
1 kg Katzenhai
100 g Mehl
2 grüne Paprikaschoten
1 rote Paprikaschote
1 Knoblauchknolle
1 Handvoll Petersilie
Olivenöl
Essig
etwas Zitronensaft
Salz
Pfeffer

Zubereitung:
Dieser Fisch hat eine harte Haut, die man erst entfernen muss. Danach wird er in Scheiben geschnitten und einige Stunden in eine Marinade aus Zitronensaft, einigen Tropfen Essig, Öl, Salz und Pfeffer eingelegt.

Die Paprikaschoten klein schneiden, mit den Knoblauchzehen anbraten und schmoren lassen. Den Fisch aus der Marinade nehmen, in Mehl wälzen, braten und die Knoblauchzehen, die Paprikawürfeln, Zitronensaft und Petersilie darüber verteilen.

Thunfisch auf ibizenkische Art

Bonito a la ibicenca
Tonyina a l'eivissenca

Zutaten:
4 Scheiben Thunfisch
2 grüne Paprikaschoten
1 Karotte
2 Zwiebeln
4 reife Tomaten
200 ml Weißwein
Olivenöl
1 Zitrone, Saft davon
1 Handvoll Pinienkerne
1 Handvoll Rosinen
Paprikapulver
Majoran
Salz
Pfeffer

Zubereitung:
Olivenöl in einer tiefen Pfanne erhitzen. Die Zwiebeln in Ringe, die Paprikaschoten in Streifen und die Karotte in Scheiben schneiden und darin dünsten. Die Tomaten in kleine Würfel schneiden und ebenfalls 5 Minuten garen. Die Thunfischscheiben darauflegen, mit Salz abschmecken und etwa 10 Minuten schmoren lassen. Nach etwa 5 Minuten den Thunfisch wenden, pfeffern und mit Paprikapulver und Majoran bestreuen. Den Wein, den Zitronensaft, die Rosinen, die Pinienkerne und etwas Wasser zugeben. Abgedeckt noch etwas ziehen lassen.

Es Cavallet

Thunfischtopf

Giuso de bonito
Guisat de Tonyina

Zutaten:
500 g frischer Thunfisch
2 Zwiebeln
2 Knoblauchzehen
2 grüne Paprikaschoten
2 reife Tomaten
4 Kartoffeln
Olivenöl
½ L Fischfond
Salz
Pfeffer
1 Handvoll Petersilie

Zubereitung:
Den Thunfisch in Stücke teilen, salzen und pfeffern. In einem Topf Olivenöl erhitzen und die klein gehackten Zwiebeln und Knoblauchzehen darin glasig dünsten. Die in Würfel geschnittenen Paprikaschoten, Tomaten und Kartoffeln untermischen. Mit Fischfond ablöschen und etwa 20 Minuten köcheln lassen. Dann die Thunfischstücke unter das Gemüse geben und gar ziehen lassen. Mit Salz und Pfeffer würzen und mit Petersilie bestreuen.

Gebackene Meerbarben

Salmonetes al horno
Molls al forn

Zutaten:
4 bis 5 Rotbarben pro
  Person
3 große Kartoffeln
2 Zwiebeln
2 reife Tomaten
3 Knoblauchzehen
Paniermehl
2 Lorbeerblätter
1 Handvoll Petersilie
Paprikapulver, süß
Öl
Zitronensaft
Salz
Pfeffer

Zubereitung:
Die Fische waschen, ausnehmen und 1 Stunde lang in Salz legen. Die Zwiebeln und die Tomaten würfeln, die Kartoffeln in Scheiben schneiden und auf einem gefetteten Backblech verteilen. Die Fische waschen und darauflegen. Mit den gehackten Knoblauchzehen, der Petersilie und dem Paniermehl bestreuen und mit Salz, Pfeffer, Paprika und den Lorbeerblättern würzen. Mit etwas Öl und Zitronensaft beträufeln. Bei niedriger Hitze etwa 20 Minuten backen.

Gebratene Roars

Roar fritos
Raons frits

Zutaten:
1 kg Raors
Öl
Zitrone
Salz

Tomatensauce:
3 reife Tomaten
1 Knoblauchzehe
Olivenöl
Salz
Pfeffer

Der Roar (Xyrichthys novaculo) ist ein kleiner Fisch (etwa 15 bis 20 cm lang), der vor der Küste Ibizas lebt. Wegen seines zarten, weißen Fleisches ist er eine besondere Delikatesse, aber auch sehr teuer, da er eine lange Schonzeit hat und es nur geringe Bestände gibt.

Der Fisch wird weder von seinen Schuppen befreit noch ausgenommen. Man braucht ihn nur vorsichtig zu drücken, und schon treten die Innereien aus.

Zubereitung:
Den Fisch salzen, in schwimmendem Öl braten.

Für die Tomatensauce zerdrückt man die Knoblauchzehe und brät sie leicht an. Dann die gehäuteten und gewürfelten Tomaten dazugeben und 5 Minuten köcheln lassen, salzen und pfeffern.

Den Fisch heiß mit etwas Zitronensaft und der Tomatensauce servieren.

Marinierter Gerret

Caramel en escabeche
Gerret escabetxat

Zutaten:
200 g Gerret (alternativ
  Sprotten) pro Person
100 g Mehl
200 ml Mineralwasser
100 ml Essig
2 Knoblauchzehen
1 Zitrone
3 Zweige Petersilie
1 große Zwiebel
2 Lorbeerblätter
Salz
Pfeffer

Zubereitung:
Die Fische reinigen und 1 Stunde lang in Salz legen. Danach mit Wasser gut abspülen und abtropfen lassen. In Mehl wälzen und in einer Pfanne braten, dann herausnehmen und beiseitestellen. Im selben Fett die ganzen Knoblauchzehen, die Lorbeerblätter, einige Zitronenscheiben und die Petersilienzweige erhitzen und ½ Glas Essig hinzufügen. (Eventuell mit Wasser verdünnen, wenn er zu stark ist!) Diese Mischung ein paar Minuten köcheln lassen und über die Fische gießen. Man isst sie kalt!

Kabeljau mit Zwiebelgemüse

Bacalao con cebolla
Bacalla amb ceba

Zutaten:
1 kg Kabeljau
2 große Zwiebeln
3 reife Tomaten
1 Knoblauchzehe
Öl
Muskatnuss
Salz
Pfeffer
1 Handvoll Petersilie

Zubereitung:
Den Fisch über Nacht wässern. Am nächsten Tag abtropfen lassen, noch einmal waschen und trocken tupfen. Dann den Kabeljau in Mehl wälzen, braten und aus der Pfanne nehmen. In derselben Pfanne die klein geschnittenen Zwiebeln und Tomaten und 1 gehackte Knoblauchzehe anbraten. Mit Salz, Pfeffer und Muskatnuss würzen. Den Fisch dazugeben und noch einige Minuten mitbraten. 1 Glas Wasser hinzugießen. So lange köcheln lassen, bis die Zwiebeln gar sind. Mit Petersilie bestreuen.

Kabeljau-Eintopf

Guiso de Bacalao
Guisat de bacalla

Zutaten:
2 Stk. Stockfisch
500 g Blattspinat
1 Zwiebel
2 Knoblauchzehen
125 ml Öl
500 g Kartoffeln
¼ L Brühe
250 g frischer Schafskäse
Salz
Pfeffer

Der Name Kabeljau kommt aus dem Lateinischen: baculum = Stock. Die Seeleute führten früher getrockneten Kabeljau auf ihren langen Fahrten mit, entweder im Ganzen als gesalzenen Stockfisch oder als Klippfisch, also in Scheiben geschnitten, gesalzen und auf den Klippen zum Trocknen ausgelegt. Es war lange Zeit der einzige Fisch, der bei den extremen Temperaturen auch bis ins Inland transportiert wurde.

Zubereitung:
Der Kabeljau wird in Stücken von etwa 8 cm Länge mit der Hautseite nach unten 11 Stunden in kaltes Wasser gelegt, dann 11 Stunden in warmes Wasser und schließlich 2 Stunden in lauwarmes Wasser. Herausnehmen und gut abtrocknen.

Den Blattspinat verlesen und waschen. In einer Pfanne Öl erhitzen und die fein gehackte Zwiebel und den Knoblauch glasig dünsten. Den Spinat dazugeben, kurz blanchieren, salzen und pfeffern und vom Herd nehmen.

In einer anderen Pfanne das Öl erhitzen und die in dünne Scheiben geschnittenen Kartoffeln braten. In eine gefettete feuerfeste Form legen und den Spinat darauf verteilen.

Den Fisch in Mehl wenden und von beiden Seiten anbraten, auf den Spinat geben und die Brühe angießen. Den Schafskäse auf dem Fisch verteilen. Im vorgeheizten Backofen bei 220 °C etwa 15 Minuten braten.

Gegrillte Sardinen

Sardinas a la plancha
Sardines a la planxa

Zutaten:
1 kg Sardinen
1 Glas Olivenöl
2 Knoblauchzehen
1 Handvoll Petersilie
1 Handvoll Thymian
1 Handvoll Estragon
Zitronensaft
Salz
Pfeffer

Zubereitung:
Die Sardinen mit Köpfen und Eingeweiden auf den Grill legen. Die Knoblauchzehen mit den Kräutern im Mörser zerdrücken und so viel Olivenöl zufügen, dass eine Paste entsteht. Nun die Fische damit bestreichen. Nach etwa 5 Minuten auf jeder Seite sind die Sardinen fertig gegrillt. Mit etwas Zitronensaft beträufeln.

Eingelegte Sardinen

Sardinas en escabeche
Sardines escabetxat

Zutaten:
24 Sardinen
Mehl
Olivenöl
1 Zwiebel
1 Karotte
2 Knoblauchzehen
4 EL Essig
Wasser
Koriander
1 Zweig Thymian
1 Lorbeerblatt
Salz
Pfeffer

Zubereitung:
Die Sardinen ausnehmen und entgräten, aber nicht waschen! In Mehl wenden, in 8 Esslöffeln Olivenöl von beiden Seiten braten und herausnehmen.

Den Bratensatz mit 4 Esslöffeln Öl löschen. Die Zwiebel und die Karotte in Scheiben schneiden und dazugeben. 3 Minuten dünsten. Dann die Knoblauchzehen, Essig und etwas Wasser, Koriander, den Thymian, das Lorbeerblatt, Salz und Pfeffer zufügen und 15 Minuten köcheln lassen. Die Sardinen hierin 48 Stunden marinieren. Etwa 30 Minuten vor dem Servieren herausnehmen.

Über Tintenfische

Alle Tintenfische, bis auf die ganz kleinen, müssen mit einem Stock geschlagen werden, bevor man sie kocht, damit sie weich werden. Oder man schlägt sie etwa zehn Mal auf eine harte Fläche. Dann reibt man sie mit Wasser und Salz ab, um den Schleim zu entfernen.

Man kann auch einen Flaschenkorken mit in das Wasser geben, um das Fleisch weich zu bekommen.

Moderne Köche allerdings legen Tintenfische für 3 Tage ins Tiefkühlfach, lassen sie wieder auftauen und kochen sie erst dann; auch so wird das Fleisch zart!

Tintenfische in Tinte

Calamares en tinta
Calamars a la bruta

Zutaten:
1 kg frische Tintenfische
    mit Tinte
5 Knoblauchzehen
1 Zwiebel
1 Bund Petersilie
200 ml Weißwein
200 ml Wasser
½ Glas Olivenöl
Salz

Zubereitung:
Den Kopf und die Innereien der Tintenfische entfernen. Achtung: Das Hautsäckchen mit der Tinte aufbewahren, dabei darauf achten, dass es nicht reißt. Das Rückgrat ebenfalls entfernen (es sieht aus wie aus Plastik). Den Körper zerschneiden, mit Wasser abspülen und in einen tiefen Teller legen.

Das Olivenöl in einem Topf erhitzen und die gehackte Zwiebel und die Knoblauchzehen glasig dünsten. Wenn der Knoblauch Farbe annimmt, die Tintenfische dazugeben und immer wieder wenden, bis sie rundherum angebraten sind. Nach etwa 5 Minuten den Wein und das Wasser zufügen und etwa 15 Minuten bei mittlerer Hitze ziehen lassen.

In einem Mörser die Tinte aus dem Beutel mit der gehackten Petersilie vermischen und mit Salz abschmecken. Über die Tintenfische gießen und weitere 10 Minuten köcheln lassen.

Meine Freundin Andrea bereitet Tintenfisch wie folgt zu:

Sie nimmt 2 große Zwiebeln und 6 Knoblauchzehen, schält und zerkleinert sie und brät sie in einer großen Pfanne an. Die in Stücke geschnittenen Tintenfische gibt sie mit der Tinte dazu und lässt das Ganze etwa 45 Minuten garen.

Sie rät, eine Zahnbürste mitzunehmen, da die Zähne nach dem Essen schwarz sein könnten!

Tintenfische, gefüllt mit Sobrassada

Calamares rellenos de sobrasada
Calamars farcits amb sobrassada

Zutaten:
4 mittelgroße Tintenfische
400 g Sobrassada
1 Knoblauchknolle
1 Handvoll Petersilie
1 Zwiebel
3 Tomaten
Zitronensaft
1 Glas Olivenöl
200 ml Weißwein
Paprikapulver
Salz
Pfeffer

Zubereitung:
Die Tintenfische säubern und ausnehmen. Die Fangarme klein schneiden und in einer Pfanne braten. Die Sobrassada, die Hälfte des geschälten, klein geschnittenen Knoblauchs und die Hälfte der gehackten Petersilie dazugeben. Mit Salz und Pfeffer würzen. Diese Masse in die Körper der Tintenfische füllen, mit Zahnstochern verschließen und von beiden Seiten braten. Aus der Pfanne nehmen. Die klein geschnittenen Tomaten, die fein gewürfelte Zwiebel und den restlichen Knoblauch und die restliche Petersilie in die Pfanne geben und anbraten. Mit Paprikapulver und Zitronensaft abschmecken. Die Tintenfische wieder hinzufügen, den Wein angießen und zugedeckt bei kleiner Hitze etwa 1 Stunde köcheln lassen.

Tintenfisch mit Zwiebeln

Calamares con cebolla
Calamars amb ceba

Zutaten:
4 Tintenfische
etwa 150 ml Olivenöl
3 Zwiebeln
2 Lorbeerblätter
2 Knoblauchzehen
½ Zitrone, Saft davon
1 Handvoll Petersilie
Salz
Pfeffer

Zubereitung:
Die Tintenfische waschen und in Stücke schneiden. Das Olivenöl erhitzen und die Tintenfische darin andünsten. Die in Scheiben geschnittenen Zwiebeln zufügen und kurz anschmoren. Die Lorbeerblätter dazugeben und mit Salz und Pfeffer würzen. Den klein gehackten Knoblauch untermischen. Bei kleiner Hitze zugedeckt etwa 1 Stunde garen lassen, gelegentlich umrühren. Vor dem Servieren mit Salz, Pfeffer und Zitronensaft abschmecken und mit gehackter Petersilie bestreuen.

Gebratener Tintenfisch

Frito de calamar
Frita de calamars

Zutaten:
2 Tintenfische, etwa 500 g
2 Zwiebeln
1 rote Paprikaschote
1 grüne Paprikaschote
2 Knoblauchzehen
Olivenöl
Thymian, getrocknet
Salz
Pfeffer

Zubereitung:
Die Tintenfische waschen und in Stücke schneiden. Mit etwas Öl in einer Pfanne braten, bis alles Wasser verdampft ist. In einer anderen Pfanne den klein gehackten Knoblauch und die in Scheiben geschnittenen Zwiebeln anbraten, die in Streifen geschnittenen Paprikaschoten hinzufügen. Etwa 10 Minuten dünsten, die Tintenfische zugeben und mit Thymian, Salz und Pfeffer würzen. Mit Zitronenvierteln garnieren.

Tintenfisch nach Bäuerinnen-Art

Calamares a la payesa
Calamars a la pagesa

Zutaten:
1 kg Tintenfisch
1 Ei
Mehl
Paprikapulver

Picada:
2 Knoblauchzehen
1 Handvoll Petersilie
1 Zitrone, Saft davon
Olivenöl
Salz

Das Gericht wird kalt gegessen.

Zubereitung:
Die Tintenfische waschen und in Stücke schneiden. Aus dem Ei, Wasser, Mehl, Paprikapulver und Salz einen Teig zubereiten. Die Tintenfischstücke in den Teig tauchen und in schwimmendem Öl ausbacken. Die gebratenen Stücke in eine Schüssel legen.

Für die Picada die Knoblauchzehen und die Petersilie mit Salz und Paprika in einem Mörser zerdrücken, den Zitronensaft hinzufügen und die Paste über die Tintenfische geben. Das Öl aus der Pfanne darübergießen.

Kraken-Kasserolle

Frito de pulpo
Frita de polp

Zutaten:
3 kg Krake
500 g Kartoffeln
2 Zwiebeln
1 Handvoll Petersilie
4 Lorbeerblätter
1 Knoblauchknolle
2 Paprikaschoten
Öl
Salz
Pfeffer

Zubereitung:
Den Kraken waschen und kochen, bis er weich ist. Aus dem Wasser nehmen und in Stücke schneiden. In einer großen Pfanne die klein geschnittenen Zwiebeln, den fein gehackten Knoblauch, die in Streifen geschnittenen Paprikaschoten, die Petersilie und die Lorbeerblätter anbraten. Den Kraken dazugeben, mit Salz und Pfeffer würzen und kochen.

In einer zweiten Pfanne die Kartoffeln braten, dann zu dem Kraken geben. Gut umrühren und bei kleiner Hitze köcheln lassen.

Strandlokal

Hummertopf

Bogovante
Llamantol

Zutaten:
2 kg Hummer
Öl
5 Knoblauchzehen
4 grüne Paprikaschoten
2 Zwiebeln
5 reife Tomaten
1 Lorbeerblatt
½ Glas Brandy

Picada:
Weißbrot
1 Handvoll Petersilie
Majoran
wilde Minze
80 g Mandeln, geröstet

Zubereitung:
Alle Zutaten für die Picada im Mörser zerstoßen und beiseitestellen.

Den Hummer in Stücke schneiden, salzen und pfeffern.

In einem Tontopf Öl erhitzen und die gehackten Zwiebeln, den Knoblauch und die gewürfelten Paprikaschoten darin andünsten. Dann die zerkleinerten Tomaten beigeben. Den Hummer in einer Pfanne in etwas Öl schmoren, in den Tontopf umfüllen und etwa 2 Liter Wasser angießen. Abgedeckt köcheln lassen. Nach der Hälfte der Garzeit die Picada zufügen. ½ Esslöffel Mehl anrösten und in den Topf geben. Weitere 20 Minuten köcheln lassen.

Hummertopf à la Joana

Bogovante a la Joana

Zutaten:
2 Hummer
3 L Wasser
3 EL Meersalz
1 Bund Wildfenchel

Zubereitung:
Das Wasser mit dem Meersalz und dem Wildfenchel 10 Minuten kochen und 10 Minuten nachziehen lassen. Die Hummer darin 30 Minuten kochen, dann das Fleisch auslösen und mit Aioli servieren!

Langustentopf

Guiso de langosta
Guisat de llagosta

Zutaten:
2 Langusten
100 ml Olivenöl
2 Zwiebeln
100 ml Weißwein
2 Lorbeerblätter
8 Knoblauchzehen
1 Handvoll Mandeln,
  geröstet
1 Handvoll Petersilie
Safran
Salz
Pfeffer

Zubereitung:
Die Langusten aufbrechen und in Portionsstücke schneiden, zuerst der Länge nach, dann jeweils quer. Die Flüssigkeit, die dabei abgegeben wird, auffangen. In einer tiefen Pfanne das Olivenöl erhitzen und die fein geschnittenen Zwiebeln darin anbraten. Mit dem Wein ablöschen. Die Lorbeerblätter und schließlich die Languste dazugeben. Unter ständigem Rühren bei mittlerer Hitze garen lassen. Die aufgefangene Flüssigkeit und 1 Glas Wasser dazugießen.

Für die Picada in einem Mörser die Knoblauchzehen, die Mandeln, die Petersilie und den Safran zerstoßen, mit Paprika, Salz und Pfeffer würzen. Etwas Langustensauce hinzufügen und alles vermischen. Die Picada in die Pfanne geben und den Langustentopf zugedeckt bei kleiner Hitze 20 Minuten ziehen lassen. Falls nötig, etwas Wasser nachgießen.

Languste auf ibizenkische Art

Langosta a la ibicenca
Llagosta a la eivissenca

Zutaten:
1 Languste, etwa 1,5 kg
10 Tintenfische
500 g Miesmuscheln
1 kg Weißfisch
2 reife Tomaten
150 ml Olivenöl
2 Eier, hart gekocht
1 kleine Tasse Hierbas
  Ibicencas (Likör)
etwas Wasser
Salz

Zubereitung:
Die Muscheln und den Weißfisch in einem Topf mit Wasser kochen. Herausnehmen, die Muscheln aus der Schale lösen und den Fisch von den Gräten befreien und in Stücke reißen. Die Eier klein schneiden und mit dem Fisch und den Muscheln mischen. In einer Pfanne die Hälfte des Öls erhitzen. Die gehackten Knoblauchzehen und die gehäuteten, entkernten und in Würfel geschnittenen Tomaten hineingeben und so lange schmoren lassen, bis alle Flüssigkeit verdampft ist. Die Muschel-Fisch-Mischung unterrühren, salzen. Die Masse in die gesäuberten Tintenfische füllen, diese mit einem Zahnstocher verschließen und in einen großen Schmortopf legen. Die noch lebende Languste der Länge nach halbieren und mit der Schnittfläche nach unten auf die Tintenfische legen. Mit dem restlichen Öl und wenig Wasser übergießen, die Tintenfische geben noch Flüssigkeit ab. Etwa 5 Minuten bei hoher Hitze kochen lassen, dann zugedeckt im Ofen bei kleiner Hitze etwa 20 Minuten garen.

Mit Hierbas Ibicencas abschmecken.

Languste nach Seemannsart

Langosta a la marinera
Llagosta a la marinera

Zutaten:
2 Langusten
Olivenöl
2 Zwiebeln
2 Tomaten
4 Knoblauchzehen
1 Handvoll Petersilie
1 rote Paprikaschote
Paprikapulver
1 Kräutersträußchen
   (Thymian, Estragon,
   Majoran, Oregano)
1 Lorbeerblatt
1 Nelke
Muskatnuss
Salz
Pfeffer
Reis

Zubereitung:
In einer tiefen Pfanne Olivenöl erhitzen und je 1 klein geschnittene Zwiebel und Tomate, 2 klein gehackte Knoblauchzehen und die Petersilie anbraten. Mit Salz, Pfeffer und Paprika würzen. Die ganzen Langusten und genügend Wasser hinzufügen. Die Langusten abkühlen lassen, wenn sie gar sind, und zerteilen.

In einer anderen Pfanne je 1 weitere klein geschnittene Zwiebel und Tomate und die in Streifen geschnittene Paprikaschote anbraten. Die restlichen fein gewürfelten Knoblauchzehen, die Kräuter und die Lorbeerblätter dazugeben. Die Langusten zufügen und 1 Glas Brühe angießen. Mit Salz, Pfeffer, Paprika, der Nelke und etwas Muskatnuss würzen.

5 Minuten köcheln lassen.

Den Reis in der Langustenbrühe kochen.

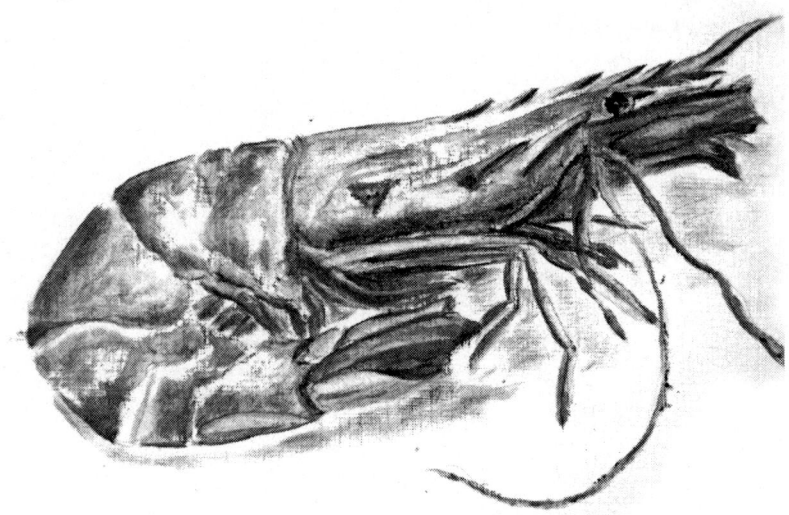

Riesengarnelen mit scharfer Sauce

Langostinos con salsa coenta
llagostins amb salsa coenta

Zutaten:
12 bis 16 Riesengarnelen
100 ml Olivenöl
70 g Mandeln, geschält,
gehackt
3 Knoblauchzehen
1 Zwiebel
2 Chilischoten, getrocknet
3 Tomaten
1 Lorbeerblatt
1 Scheibe Weißbrot, geröstet
1 Handvoll Petersilie
2 EL Sherryessig
Salz
Pfeffer

Zubereitung:
Die Riesengarnelen in Olivenöl von allen Seiten braten. Die Mandeln und die Knoblauchzehen goldgelb rösten, dann alles herausheben und beiseitestellen.

Die klein geschnittene Zwiebel und die Chilischoten in dem Öl dünsten, die in Würfel geschnittenen Tomaten und das Lorbeerblatt untermischen und einkochen lassen.

Die Mandeln und den Knoblauch, das Weißbrot und die Petersilie im Mörser zerstampfen, zu den Tomaten geben und mit etwas Wasser auffüllen. Mit Salz, Pfeffer und Essig abschmecken.

Die Riesengarnelen 5 Minuten in der Sauce ziehen lassen.

Garnelen in Knoblauch

Gambas al ajillo
Gambes amb all

Zutaten:
16 bis 20 Garnelen
6 Knoblauchzehen
1 Zitrone, Saft davon
4 EL Olivenöl
Salz
Pfeffer

Zubereitung:
Den Knoblauch schälen, fein hacken und mit Salz, Pfeffer, Zitronensaft und Öl gut vermischen. Die Garnelen mit der Schale längs teilen, mit der Schnittfläche nach oben in ein Gefäß legen und mit der Marinade begießen. Einige Minuten ziehen lassen, dann mit der Schalenseite nach unten auf den Grill legen und garen.

Marinierte Muscheln

Mejillones en escabeche
Musclos escabetxat

Zutaten:
2 kg Miesmuscheln
2 Lorbeerblätter
125 ml Olivenöl
125 ml Weinessig
1 TL Paprikapulver
8 Pfefferkörner

Zubereitung:
Die Muscheln waschen und auf kleiner Hitze in einem Topf in etwas Wasser dämpfen, bis sie sich öffnen. Aus der Schale nehmen und abkühlen lassen. Das Öl in einer Pfanne erhitzen und die Muscheln darin anbraten, herausnehmen und beiseitestellen.

125 ml Wasser, den Essig, Paprikapulver, die Lorbeerblätter und die Pfefferkörner 15 Minuten köcheln und dann abkühlen lassen. Die Muscheln darin über Nacht marinieren.

Vor dem Servieren die Muscheln wieder in die Schale setzen und mit der Marinade übergießen.

Die Salinen – Ses Salines

Ein Grund, warum Ibiza zum „gemischten Weltkulturerbe" erklärt wurde, sind die Salinen.

Das Naturschutzgebiet „Ses Salines", auch als „Salinas" bekannt, liegt im Süden der Insel.

Es ist ein grandioses Schauspiel, wenn man über diese Landschaft blickt: Die aneinander gereihten Salzbecken wirken wie silbrig glitzernde Spiegel; man sieht schneeweiße Salzberge, die eine majestätische Ruhe ausstrahlen und herrlich funkeln, wenn sie von den Sonnenstrahlen getroffen werden.

Kormorane fliegen ihre Bahnen, und wer Glück hat, bekommt in den Salinen sogar rosa Flamingos zu sehen. Über 200 Vogelarten und über 500 Pflanzenarten sind hier zu Hause.

Diese faszinierende Landschaft hat eine lange Geschichte.

Seit mehr als 2500 Jahren wird hier ein Meersalz von ganz besonderer Qualität gewonnen.

Schon die Phönizier handelten mit dem „weißen Gold", wie sie das Salz nannten. Denn es war kostbar als Konservierungsmittel für Fisch und Fleisch und schon immer ein wichtiges Wirtschaftsgut: Wo es Salz gab, da blühte der Handel.

Die Salinen gelten als einzigartiges Beispiel phönizischer Wasserbaukunst; ihre Rasterstruktur ist heute so wie vor 2500 Jahren. Auch die Methoden, das Meersalz abzubauen, sahen zu phönizischer Zeit nicht viel anders aus als heute. Die Salzproduktion beginnt im April. In großen Becken wird das Meerwasser gestaut. Es fließt aus einem höheren Becken langsam in ein nur wenig tiefer gelegenes und von dort in das jeweils nächste. Von Becken zu Becken steigt wegen des durch die Sonneneinstrahlung verdunstenden Wassers der Salzgehalt, bis schließlich eine maximale Sättigung erreicht ist.

Ende August beginnt die Salzernte, die etwa zwei Monate dauert. Regelmäßig wird das grobe Meersalz mit langen Schiebern aus dem Becken an den Rand geschoben. Dort wird es von Sonne und Wind getrocknet. Nach dieser Trockenzeit wird es abgefüllt und ohne weitere Bearbeitung in den Handel gebracht.

Das Meersalz „Flor de Sal" (Blume des Salzes), das edelste und reinste aller Meersalze, wird folgendermaßen „geerntet": Wenn auf der Wasseroberfläche durch das Zusammenspiel von Sonne und Wind eine zarte Schicht blütenförmiger Kristalle entsteht, wird diese kostbare „Salzblüte" täglich per Hand an der Wasseroberfläche abgeschöpft („gepflückt") und zum Trocknen ausgebreitet. Bei der Trocknung muss darauf geachtet werden, dass dem Salz nicht sämtliche Feuchtigkeit entzogen wird. Diese Restfeuchte wird auch als „Salzmutter" bezeichnet. Verpasst der Salzbauer den richtigen Zeitpunkt für die Ernte des Flor de Sal, sinkt die feine Salzschicht und gesellt sich zum gewöhnlichen Meersalz.
Das Flor de Sal ist entsprechend teurer, da der Zeitaufwand für die Ernte viel höher ist. Man verwendet es auch nicht zum Kochen, sondern streut es kurz vor dem Essen über die Speise.

Früher war das Salz eine Haupteinnahmequelle der Insel, denn die Salinen gaben vielen Menschen Arbeit. Anfang des 20. Jahrhunderts waren noch bis zu 800 Männer mit der Salzernte beschäftigt. Die Arbeit war hart: Kräftige Burschen trugen etwa 50 Kilo schwere, eng geflochtene Körbe, gefüllt mit Salz, bei sengender Hitze auf ihren Köpfen zu den Schiffen aus ganz Europa.

Die Bronzeskulptur eines Salzarbeiters des Künstlers Pedro Hormigo erinnert an die schwere Arbeit. Sie befindet sich neben der Kirche Sant Francesc de Paula im Naturpark Ses Salines, die Anfang des 18. Jahrhunderts auf Veranlassung des spanischen Königs für die Salzarbeiter der Salinen gebaut wurde.

Dieses ausschließlich durch die natürliche Verdunstung des Meerwassers gewonnene Salz ist besonders reich an lebensnotwendigen Mineralien. Mit Recht sind die Einheimischen sehr stolz auf dieses naturbelassene Salz, das zu den besten seiner Art zählt.

Sant Francesc de Paula

Doch wie kam das Salz ins Mittelmeer?

Davon erzählt diese `Rondalla`:
Auf einer fernen Insel wohnte ein König, dessen Reich von einem großen, gefähr-
lich aussehenden Drachen bewacht und deshalb nie angegriffen wurde. Doch was
niemand wusste: Der Drache war sehr gutmütig, und außerdem konnte er nicht
wie andere Drachen fliegen.

Der König hatte eine Tochter, die gerne mit dem Drachen spielte, und auch dieser liebte es, mit der Prinzessin auf seinem gewaltigen Rücken um die Insel zu
schwimmen. Als die Prinzessin heranwuchs, verliebten sich beide ineinander. Das
sah der König natürlich nicht gerne, und so trieb er den Drachen ins Mittelmeer
und ließ die Meerenge, die heutige Straße von Gibraltar, zuschütten, sodass das
Tier gefangen war.

Das Mittelmeer nahm nun ständig ab. Nur noch an einigen Stellen fand der Drache
Wasser, und er war sehr unglücklich, dass er nicht fliegen konnte. Er vermisste die
Prinzessin schrecklich und weinte große Tränen, die auf dem Grund des Meeres
weiße Kristalle bildeten.

Auch die Königstochter war traurig und wurde krank vor Liebeskummer. Da starb plötzlich der böse König. Die geschwächte Prinzessin machte sich sofort auf den Weg, um den Drachen zu suchen. Sie fand ihn schließlich tot auf dem ausgetrockneten Boden inmitten seiner weißen kristallenen Tränen. Sofort veranlasste sie, die Meeresenge wieder zu öffnen, und hoffte, dass das eintretende Wasser ihren Geliebten wieder zum Leben erwecken würde. Doch alle Mühe war umsonst. Die Prinzessin weinte bitterlich.

Nach einiger Zeit wurde sie durstig und trank das Wasser, das nach den Tränen des Drachen schmeckte. Und siehe da: Je mehr sie trank, desto stärker fühlte sie sich; die Tränen ihres Geliebten hatten sie wieder stark und gesund gemacht!

Das sprach sich herum, und alle Menschen wollten nun durch diese Tränen genesen. Sie ließen einen Teil des Meerwassers verdunsten, bis die Kristalle übrig blieben, und nannten sie „Salz".

Wer an dieses Märchen nicht glaubt, der sollte zu Ibizas Salinen fahren: Dort sieht er die hohen „Tränenberge".

Goldbrasse im Salzmantel

Dorada a la sal
Daurada a la sal

Zutaten:
1 Goldbrasse, etwa 1,2 kg,
  küchenfertig
½ Zitrone, Saft davon
1 Handvoll Petersilie
1 Handvoll Thymian
2 kg grobes Meersalz
Pfeffer
Salz

Zubereitung:
Den Fisch waschen und abtrocknen, mit Pfeffer und Salz einreiben. Die Kräuter in den Fisch legen und den Zitronensaft in die Bauchhöhle träufeln.

Ein Drittel des Meersalzes in eine feuerfeste, eingefettete Form streuen. Den Fisch darauflegen und mit dem restlichen Salz bedecken. Das Salz glatt streichen, evtl. mit wenig Wasser vermischen und fest andrücken, der Fisch muss vollständig bedeckt sein. In den auf 200 °C vorgeheizten Backofen schieben und etwa 30 Minuten backen. Danach die Salzkruste abklopfen und die Salzstücke entfernen. Die Haut von der Fischoberseite abziehen und den Fisch von den Gräten lösen.
Mit Aioli servieren.

Durch die feste Salzkruste geht der Eigengeschmack der Goldbrasse nicht verloren. Das Meersalz „isoliert" den Fisch, wodurch er im eigenen Saft gart. So wird er zu einem einmaligen geschmacklichen und auch optischen Erlebnis, wenn die weiße Salzkruste bei Tisch geöffnet wird und der Fisch zum Vorschein kommt.

IBIZENKISCHE PIZZA

Coca
Coca

Die `Coca` ist auf den Balearen ein sehr beliebter herz-
hafter Blechkuchen, der auf Ibiza auch „ibizenkische
Pizza" genannt wird. Sie besteht immer aus einem Grund-
teig, der mit oder ohne Hefe zubereitet werden kann und
mit Gemüse, Fisch oder Fleisch belegt wird. Es gibt viele
Coca-Variationen: herzhaft oder süß, mit dickem oder mit
dünnem Teig...

Nur Käse findet man auf einer Coca niemals!

Coca-Grundrezept

Coca
Coca

Zutaten:
20 g frische Hefe
1 Msp. Zucker
500 g Mehl
1 TL Salz
2 EL Olivenöl
2 EL Weißwein
Mehl für die Arbeitsfläche
Fett für das Backblech

Zubereitung:
Die zerbröckelte Hefe mit Zucker in wenig lauwarmem Wasser anrühren. Das Mehl mit dem Salz in eine große Schüssel sieben, in die Mitte eine Mulde drücken und die Hefe hinein- geben. Mit Mehl bestäuben und 15 Minuten zugedeckt an einem warmen Platz gehen lassen. Das Olivenöl, den Weißwein und ¼ Liter Wasser zufügen und alles zu einem glatten Teig verkneten. Den Teig bis zu seinem doppelten Volumen aufgehen lassen, nochmals durchkneten und auf einer bemehlten Arbeitsfläche zu einem Rechteck ausrollen. Ein Backblech einfetten und den Teig darauflegen. Mit einer Gabel mehrmals einstechen und noch einmal gehen lassen.

Alle Cocas werden nach dem Belegen bei 200 °C etwa 30 Minuten gebacken.

Coca mit Spinat

Coca d´espinacas
Coca d´espinacs

Zutaten:
1 kg Blattspinat
Salz
50 g Rosinen
40 g Pinienkerne
Salz
Pfeffer
100 ml Olivenöl

Zubereitung:
Die Rosinen einweichen. Den Blattspinat putzen und in Salzwasser blanchieren, dann abschütten und gut abtropfen lassen. Auf dem Teig verteilen und mit den Rosinen und den Pinienkernen bestreuen. Salzen, pfeffern und zum Servieren mit etwas Olivenöl beträufeln.

Coca mit Gemüse

Coca de verdura
Coca amb verdura

Zutaten:
500 g grüne Paprikaschoten
500 g Zwiebeln
500 g Tomaten
1 Handvoll Petersilie,
   gehackt
Salz
Pfeffer
100 ml Olivenöl

Zubereitung:
Die Paprikaschoten in Streifen schneiden, die Zwiebeln hacken und die Tomaten enthäuten und würfeln. Alles auf dem Teig verteilen, salzen, pfeffern und mit Petersilie bestreuen. Vor dem Backen mit Olivenöl beträufeln.

Coca mit Sardinen

Coca con sardinas
Coca amb pinxes

Zutaten:
500 g frische Sardinen
2 Knoblauchzehen
1 Zwiebel
1 Handvoll Petersilie
100 ml Olivenöl
1 Msp. Paprikapulver
Salz
Pfeffer

Zubereitung:
Die Sardinen waschen und entgräten und auf dem Teigboden verteilen. Den Knoblauch, die Zwiebel und die Petersilie fein hacken, mit dem Olivenöl verrühren, würzen und auf dem Teig verteilen.

Coca mit Paprika

Coca de piementos
Coca amb pebreres

Zutaten:
500 g Mehl
etwa 150 ml Wasser
etwa 150 ml Öl
Salz
2 kg rote Paprika
2 Knoblauchzehen
schwarze Oliven
1 Handvoll Petersilie

Zubereitung:
Aus dem Mehl, dem Wasser, dem Öl und etwas Salz einen Teig anrühren und ausrollen.

Die Paprikaschoten unter dem Grill so stark erhitzen, dass sie fast schwarz werden, dann häuten und in Streifen reißen. Mit den Oliven auf den Teig geben und mit dem gehackten Knoblauch und der gehackten Petersilie bestreuen. Vor dem Backen mit etwas Olivenöl beträufeln.

Coca mit Katzenhai

Coca de lija
Coca amb gato

Zutaten:
500 g Mehl
etwa 150 ml Wasser
etwa 150 ml Öl
Katzenhaifilets
schwarze Oliven
Pfeffer
Paprikapulver, edelsüß
3 Knoblauchzehen
Petersilie

Zubereitung:
Das Mehl mit dem Wasser und dem Öl verkneten, in eine Auflaufform geben und andrücken.

Die Katzenhaifilets salzen und anbraten und mit den Oliven auf dem Teig verteilen. Mit Pfeffer und Paprikapulver würzen und fein gehackten Knoblauch und Petersilie darüberstreuen. Vor dem Backen mit etwas Olivenöl beträufeln.

Griebenkuchen

Coca de chicharrones
Coca amb xinxarrons

Zutaten:
500 g Mehl
etwa 150 ml Wasser
etwa 150 ml Öl
1 Glas Branntwein
250 g Speckgrieben
1 Zitrone, abgeriebene
   Schale davon
250 g Zucker-Zimt-Mischung

Zubereitung:
Bis auf den Zucker und den Zimt alle Zutaten miteinander verkneten und in eine Form füllen.

Mit Zimt und Zucker bestreuen und im Ofen backen.

TEIGPASTETEN

Empanadas
Empanades

Diese Spezialität, deren Ursprung in Galicien liegt, kennt man in allen Teilen Spaniens.

Sie ist eine Art gefülltes Brot und war eine beliebte Mahlzeit bei Fischern und Bauern. Inzwischen ist aus dieser praktischen Verpflegung eine Delikatesse geworden.

Die äußere Hülle der Teigtaschen besteht aus Brot- oder aus Blätterteig. Die Zutaten der Füllungen sind von der Provinz abhängig, in denen sie zubereitet werden. Auf Ibiza isst man sie gerne mit Gemüse, Lammfleisch oder mit Sobrassada, der Paprikawurst; jede Hausfrau schwört bei der Zubereitung auf ihr ganz eigenes Rezept.

Empanadas isst man kalt oder warm. Es gibt sie in Tortenform, als Schiffchen oder als Halbmond geformt.

Empanadillas sind die kleine Variante in Portionsgröße.

Lammfleischpastete

Empanadas de cordero
Empanades de xai

Zutaten:
500 g Mehl
100 ml Wasser oder
  Weißwein
100 ml Olivenöl
100 g Schweineschmalz
1 Msp. Zucker
Salz
1 Eigelb

Füllung:
120 g Lammkeule
100 g Sobrassada
100 g Schinken, luftge-
  trocknet
Olivenöl
2 Zwiebeln
2 Knoblauchzehen
Thymian
Salz
Pfeffer

Zubereitung:
Das Mehl in eine Schüssel sieben, Wasser, Olivenöl, Schweineschmalz, Salz und Zucker dazugeben und alles miteinander verkneten. Den Teig im Kühlschrank ruhen lassen, dann halbieren. Die eine Hälfte auf einer bemehlten Arbeitsfläche ausrollen und in eine gefettete Form drücken. Den Teig am oberen Rand etwas überstehen lassen.

Für die Füllung das Olivenöl erhitzen, das klein gewürfelte Lammfleisch darin anbraten und aus der Pfanne nehmen. Die klein gehackten Zwiebeln und den Knoblauch im Öl glasig dünsten. Die Schinkenwürfel untermischen und kurz mitbraten. Das Fleisch wieder dazugeben, mit Salz, Pfeffer und Thymian würzen und in die mit dem Teig ausgelegte Form füllen. Den restlichen Teig als Deckel ausrollen und die Form damit verschließen. Mit Eigelb bestreichen und im vorgeheizten Ofen bei 180 °C 30 bis 40 Minuten backen.

Lammfleischpastetchen mit Blätterteig

Empanadillas de cordero con hojaldre
Cocarrois de xai amb pasta de full

Zutaten:
600 g TK-Blätterteig
500 g Lammhackfleisch
50 g Speck
1 Zwiebel
1 Knoblauchzehe
1 Handvoll Petersilie
1 Ei
1 Eigelb
½ TL Paprikapulver
1 Msp. Thymian, getrocknet
½ TL Salz

Zubereitung:
Den Blätterteig auftauen lassen. Den Speck und die Zwiebeln würfeln und in Olivenöl anbraten. Das Hackfleisch dazugeben und 5 Minuten braten. Mit Salz, Thymian, Paprika und zerstoßenem Knoblauch würzen.

Den Blätterteig ausrollen und in ca. 15 x 15 cm große Quadrate schneiden. Jedes Quadrat in der Mitte mit etwas Fleischmischung belegen und zu einem Dreieck falten. Die Ränder fest andrücken. Auf ein gefettetes Blech legen und 15 Minuten ruhen lassen. Die Teigtaschen mit Eigelb bestreichen und im vorgeheizten Ofen bei 200 °C etwa 20 Minuten backen.

Kleine Teigtaschen mit Gemüse

Empanadillas de verdura
Cocarrois amb verdura

Zutaten:
Teig:
1 kg Mehl
etwa 150 ml Wasser
Olivenöl
etwas Schweineschmalz
etwa 150 g Zucker
1 Orange, Saft davon

Füllung:
1 kg Mangold (oder Spinat
oder Blumenkohl)
2 Zwiebeln
2 Knoblauchzehen
100 g Pinenkerne
50 g Rosinen
2 EL Olivenöl
Paprikapulver, süß
Salz
Pfeffer

Zubereitung:
Für die Füllung den Spinat gut waschen und einige Minuten kochen, dann abtropfen lassen und klein schneiden. In einer Pfanne den Spinat mit den gewürfelten Zwiebeln und dem gehackten Knoblauch in etwas Öl braten, mit Salz, Pfeffer und Paprika würzen. Zur Seite stellen.

Alle Zutaten für den Teig verkneten. Den Teig auf einer bemehlten Arbeitsfläche ausrollen und mit einer runden Form Kreise von etwa 20 cm Durchmesser ausstechen. Auf die Hälfte jedes Teigkreises 1 Löffel Gemüse füllen und einige Pinienkerne und Rosinen darüberstreuen. Die andere Hälfte darüberklappen und die Ränder mit den Fingern gut andrücken.

In den vorgeheizten Backofen geben und bei 180 °C 25 Minuten backen, bis die Cocarrois goldbraun sind.

Windmühle

BROT

Pan
Pa

Bauernbrot

Pan payes
Pa pages

Zutaten:
1 kg Mehl
etwas Mineralwasser
1 Msp. Hefe
1 Prs. Salz

Zubereitung:
Das Mehl mit der Hefe und Mineralwasser gut verkneten. Den Teig mit einem feuchten Tuch zudecken und etwa 1 Stunde gehen lassen, dann zu einem ovalen Laib formen und auf ein Blech legen. Die Oberfläche mit einem Messer einschneiden und weitere 10 Minuten gehen lassen. Den Backofen auf 225 °C vorheizen und das Blech hineinschieben. Nach etwa 30 Minuten mit einer Gabel in den Brotlaib stechen und kontrollieren, ob der Teig gar ist.

Dunkles Brot

Pan moreno
Pa marro

Zutaten:
1 kg Weizenvollkornmehl
40 g Hefe
1 TL Zucker
800 ml lauwarmes Wasser
1 EL Schweineschmalz
150 g Natursauerteig

Zubereitung:
Zwei Drittel des Mehls in eine Schüssel sieben und eine Mulde eindrücken. Die Hefe hineinbröckeln. Den Zucker darüberstreuen und 200 ml Wasser dazugießen. Umrühren, bis die Hefe sich aufgelöst hat, dann die Schüssel zugedeckt etwa 20 Minuten an einen warmen Platz stellen.

Das Schmalz mit 600 ml Wasser in einem Topf leicht erwärmen.

Den Sauerteig mit der Mehl-Hefe-Mischung verrühren. Langsam das Wasser mit dem Schmalz und das restliche Mehl dazugeben und gründlich zu einem glatten Teig verkneten.

Zugedeckt 30 Minuten gehen lassen, wieder durchkneten, halbieren und 2 Laibe formen.

2 Bleche einfetten, die Laibe darauflegen, mit Mehl bestäuben und nochmals 20 Minuten gehen lassen. Den Backofen auf 225 °C vorheizen, ein Schälchen mit heißem Wasser auf den Backofenboden stellen und die Brote 50 Minuten backen.

NACHSPEISEN

Postres
Postres

In den meisten inseltypischen Restaurants werden
als Nachspeise lediglich Eis oder Pudding angeboten,
vielleicht auch noch eine `Crema catalana`. In den
Konditoreien findet man jedoch verlockendes Gebäck in
Mengen.

Hefeteigschnecke

Ensaimada

Zutaten:
500 g Mehl
75 g Zucker
2 Eier
1 TL Salz
40 g Hefe
¼ L Milch
2 EL Olivenöl
200 g Schmalz

Die Ensaimada ist ein auf den Balearen sehr beliebtes Gebäck. Ihre Entstehungsgeschichte ist unklar. Die einen sagen, sie sei jüdischen Ursprungs, die anderen sagen, sie sei eine Nachspeise der Araber, die `Bulemes dolces` hieß. Auf jeden Fall schmeckt sie wunderbar!

Die Ensaimadas sind auch köstlich mit einer Füllung, z. B. aus `Cabello de Angel` (Kürbiskonfitüre), Sahne oder `Turron` (Mandelnougat).

Zubereitung:
Das Mehl mit Zucker und Salz in eine Schüssel sieben und in die Mitte eine Mulde drücken. Die Hefe in lauwarmer Milch auflösen und in die Vertiefung geben. 15 Minuten gehen lassen. Das Öl mit den Eiern verrühren, zur Mehl-Hefe-Mischung hinzufügen und zu einem glatten Teig verkneten. An einem warmen Ort zu doppelter Größe aufgehen lassen. Auf einer bemehlten Arbeitsfläche den Teig zu einem sehr dünnen Rechteck ausrollen und mit dem zerlassenen Schmalz bestreichen. Von der Längsseite her aufrollen und 1 Stunde warm stellen, dann in Scheiben schneiden, auf ein gefettetes Backblech legen und über Nacht ruhen lassen. Im auf 200 °C vorgeheizten Ofen etwa 1 Stunde goldbraun backen.

Brotpudding nach Art von Antonia

Greixonera de Antonia
Greixonera d´Antonia

Zutaten:
1 L Milch
6 Eier
300 g Zucker
4 Ensaimadas (oder
  Croissants)
1 Stange Zimt
1 Zitrone, Schale davon
1 kleines Glas Anislikör

Die `Greixonera` ist eine der bekanntesten Nachspeisen Ibizas. Traditionell wird sie dazu benutzt, die Ensaimadas vom Vortag aufzubrauchen. Es gibt viele überlieferte Rezepte für ihre Zubereitung. Antonia übernahm das Rezept von ihrer Mutter, aber seit vielen Jahren macht sie es auf ihre Art. Ihr Geheimnis: Sie nimmt weniger Ensaimadas, denn so wird die Greixonera saftiger.

Zubereitung:
Die Milch mit der Zimtstange und der Zitronenschale zum Kochen bringen. Nach und nach den Zucker einrühren. Vom Herd nehmen, etwas abkühlen lassen, dann die Zimtstange und Zitronenschale entfernen. In die noch lauwarme Milch die Eier hineinschlagen und verrühren, aber Vorsicht: Wenn die Milch noch zu warm ist, können die Eier gerinnen! Nun die in Stücke zerteilten Ensaimadas hinzufügen. Möchte man eine glatte Masse haben, sollte man mit dem Mixer arbeiten, sonst reicht es, die Ensaimadas locker unterzuheben. Zum Schluss ein Gläschen Anislikör dazugeben.

Bevor der Brotpudding in den Ofen kommt, bereitet man den karamellisierten Zucker vor: 1 Esslöffel Zucker mit einigen Tropfen Wasser in einer Pfanne zum Schmelzen bringen. Evtl. noch etwas Zitronensaft hinzufügen: Der Karamell löst sich besser, und die Zitrone intensiviert den Geschmack. Wenn der Zucker flüssig wird und die gewünschte Farbe angenommen hat, gießt man ihn in die Backform, darüber die Greixonera-Masse und schiebt die Form in den auf 180 °C vorgeheizten Backofen. Etwa 30 Minuten backen, dann mit einem Messer in die Masse stechen und prüfen, ob die Greixonera gar ist. Auskühlen lassen! Man kann sie mit geschlagener oder flüssiger Sahne servieren.

Brotpudding

Greixonera
Greixonera

Zutaten:
600 g Sahnequark
250 g Puderzucker (davon
   25 g zum Bestäuben)
120 ml Milch
6 Eier
1 Vanilleschote, Mark davon
1 Zitrone, abgeriebene
   Schale davon
1 Msp. Zimt

Früher bereitete man die Greixonera mit altem Brot zu, heute macht man sie auch oft mit Sahnequark.

Zubereitung:
Den Quark über Nacht in einem Küchentuch aus Baumwolle abtropfen lassen. Den entwässerten Quark in einer Schüssel mit gesiebtem Puderzucker, Zimt, geriebener Zitronenschale, Vanillemark und Milch zu einer homogenen Masse verrühren. Zum Schluss die Eier nach und nach unterquirlen. Eine Form ausfetten, die Masse einfüllen und im vorgeheizten Ofen bei 180 °C etwa 70 Minuten backen.

Brot der Königin

Pan de la reina
Pa de la reina

Zutaten:
500 g altes Brot
200 ml Milch, warm
Zucker und Zimt
4 El Öl

Zubereitung:
Das Brot in Würfel schneiden und in Milch ziehen lassen, dann in einer Pfanne mit etwas Öl goldbraun braten. Auf Teller verteilen und mit Zucker und Zimt bestreuen.

Brot mit Wein und Zucker

Pan con vino y azugar
Pa amb vi i sucre

Zutaten:
Brot
Wein
Zucker

Zubereitung:
Ganz einfach: Eine Scheibe Brot in Wein tauchen und mit Zucker bestreuen. Fertig!

Ibizenkische Madeleines

Magdalenas ibicencas
Magdalenes eivissenques

Zutaten:
Blätterteig
200 g Mandeln, gemahlen
175 g Zucker
1 Zitrone, abgeriebene
  Schale davon
Zimt
1 Ei
50 g Schweineschmalz
einige Mandeln, ganz

Zubereitung:
Die Madeleines-Förmchen mit Schweineschmalz einfetten, darin den Blätterteig auslegen und beiseitestellen. Einen Teig aus den Mandeln, dem Zucker, der abgeriebenen Zitronenschale und dem Zimt rühren. Das Ei untermischen. Den Teig in die Förmchen füllen, je 1 Mandel obenauf setzen und im Ofen bei 170 °C etwa 15 Minuten backen.

Teigtaschen

Rubiols
Robiols

Zutaten:
1 kg Mehl
125 g Zucker
1 kleine Tasse Anislikör
   (oder Orangensaft)
300 g Schweineschmalz
3 Eigelb
etwas Wasser
Puderzucker

Früher wurden `Rubiols` von vielen Familien nur in der Osterzeit gebacken. Heute gibt es sie das ganze Jahr über in den Bäckereien.

Jede Familie hat auch hier wieder ihr eigenes Rezept. Für die Füllung wird meistens selbst gemachte Aprikosenmarmelade, Cabello de Angel oder Quark verwendet. Das köstliche Gebäck hat die Form eines Halbmondes.

Zubereitung:
Das Schmalz erhitzen, dann abkühlen lassen. Zwei Drittel des Mehls in eine Schüssel füllen und eine Vertiefung eindrücken. Die Eigelbe mit dem Zucker und dem Anislikör verrühren, in die Mulde geben, das Schmalz zufügen und alles miteinander vermischen. Das restliche Mehl mit etwas Wasser unterkneten und den Teig ruhen lassen.

Dann den Teig ausrollen und mit einem Glas von etwa 15 cm Durchmesser Kreise ausstechen. Je 1 Esslöffel Füllung daraufstreichen, die Teigkreise zur Hälfte umklappen und an den Rändern gut verschließen, damit die Füllung nicht austritt. Bei 180 °C etwa 45 Minuten backen, bis sie goldgelb sind. Nach dem Abkühlen mit Puderzucker bestreuen.

Teigtaschenfüllung

Cabello de Angel
Cabell d´Angel

Zutaten:
1 kg Kürbisfleisch
300 g Zucker
1 EL Zimt

Eine Kürbisfüllung für die Rubiols.

Zubereitung:
Das Kürbisfleisch in etwas Wasser kochen, pürieren und Zucker und Zimt dazugeben.

Terrassen

OBSTSPEISEN UND ANDERE BAUMFRÜCHTE

Frutas
Fruites

Über Feigen

Obwohl die ibizenkischen Feigen ganz besonders köstlich sind, werden sie nicht genügend geschätzt, da es unendlich viele Feigenbäume auf der Insel gibt. Man verwendet sie zum großen Teil als Schweinefutter.

Einst hatte die Feige eine positive Bedeutung: Im antiken Griechenland war sie mit aphrodisischen Eigenschaften besetzt. Sie war dem Gott Dionysos geheiligt, der in Attika den Beinamen „Feigenfreund" hatte.

Seit biblischen Zeiten bringt man sie jedoch auch mit Sünde in Zusammenhang, bedeckten sich doch Adam und Eva schamvoll mit einem Feigenblatt!

Im spanischen Volksmund steht die Frucht (`Higo`) für das weibliche Geschlechtsteil, vielleicht, weil nur die weiblichen Bäume Früchte tragen.
Jeder Bauer hier weiß: Insekten werden liebestoll vom Aroma der Frucht, Ziegen werden unruhig im Schatten eines Feigenbaumes!

Von Ende Juni bis Dezember reifen verschiedene Feigensorten. Die ersten Feigen des Jahres sind die `Xereques`. Wie viele andere Sorten auch werden sie nicht nur frisch verwendet, sondern in der Sonne getrocknet und dann kurz im Ofen gebacken. Danach werden sie mit etwas Thymian und Fenchel in Dosen gefüllt und luftdicht verschlossen, bis sie erst zu Weihnachten gegessen werden.

Getrocknete Feigen

Higos secos
Figues seques

Zutaten:
Frühfeigen (`Brevas`)
Anis
Thymian

Zubereitung:
Die Feigen waschen und an der Sonne trocknen.

Feigen im Ofen

Higos al horno
Figues al forn

Zutaten:
6 frische Feigen
2 TL Vanillezucker
2 EL Sahne
50 g Mandeln, gerieben
20 g Pistazien, gehackt

Zubereitung:
Die Feigen waschen und trocknen, die Stielansätze abschneiden und über Kreuz einschneiden. In eine gefettete Auflaufform legen. Sahne und Vanillezucker mischen, die Mandeln und einen Teil der Pistazien zufügen. Alles zu einer glatten Masse verrühren. Auf jede Feige 1 Teelöffel davon geben und mit den restlichen Pistazien bestreuen. Im auf 225 °C vorgeheizten Backofen etwa 10 Minuten überbacken.

Feigenbrot

Pan de higos
Pa de figues

Zutaten:
1 kg Feigen, getrocknet
250 g Mandeln, gehackt
250 g Haselnüsse, gehackt
1 TL Zimt
2 EL Zucker
1 TL Zitronenschale,
   gerieben
1 kleine Tasse Anislikör
40 Mandeln, geschält,
   blanchiert

Zubereitung:
Die gehackten Feigen mit den gehackten Mandeln und Haselnüssen, dem Zimt, dem Zucker und der abgeriebenen Zitronenschale mischen. So viel Anislikör zugeben, dass eine leicht feuchte, aber feste Masse entsteht. Eine Backform mit Butter ausstreichen und Semmelbrösel auf Boden und Rand verteilen. Den Teig hineinfüllen und mit Aluminiumfolie abdecken. Bei 160 °C etwa 30 Minuten backen. Mit Mandeln verzieren.

Schafskäse mit getrockneten Feigen

Queso de oveja con higos secos
Formadge d'ovelle amb figues seques

Zutaten:
frischer Ziegenkäse, leicht
  gesalzen (1 Scheibe pro
  Person)
Blütenhonig
Walnüsse
Feigen, getrocknet
Mandeln, geröstet, gesalzen

Zubereitung:
Den Ziegenkäse in Scheiben schneiden, etwas Honig darüberträufeln und mit Walnüssen dekorieren. Die Feigen aufschneiden, je 1 Salzmandel hineinlegen, wieder verschließen und zu dem Käse geben.

Feigenbaum

Die Kaktusfeige – Higo chumbo

Beim Spaziergang über die Insel kommt man an herrlichen großen Kakteen vorbei. Meistens stehen sie hinter den imposanten Steinmauern, die die Grundstücke umgeben. Sie tragen stachelige, aber äußerst wohlschmeckende Früchte, die Kaktusfeigen, deren Geschmack ähnlich dem einer Birne ist. Sie reifen nicht nach, deshalb darf man sie nicht zu früh pflücken. Die Schale ist fest und ungenießbar. Man kann sie wie eine Kiwi längs oder quer aufschneiden und das saftige Fruchtfleisch auslöffeln. Im Innern befinden sich mehrere kleine schwarze Samen, die mitgegessen werden können.

Früher dienten die Kaktusfeigen als Futter für die Schweine, die die Früchte, mit Gerstenmehl vermengt und zu Brei verarbeitet, fraßen. Heute werden sie in der Viehwirtschaft kaum noch verwendet und verrotten tonnenweise.

Die Kaktusfeige passt gut in Obstsalate, schmeckt vorzüglich zu Wild- und Geflügelfleisch oder auch zu Scampis.

Garnelen mit Kaktusfeigenmus

Gambas con higo chumbo
Gambes amb figuera de moro

Zutaten:
6 reife Kaktusfeigen
Garnelen
½ Zitrone, Saft davon
Salz
Pfeffer

Zubereitung:
Die Kaktusfeigen schälen und durch ein feines Sieb streichen. Das Mus mit dem Zitronensaft verrühren und mit Salz und Pfeffer abschmecken. Die Garnelen dazu servieren.

Kaktusfeigen in Blätterteig

Higo chumbo en hojaldre
Figuera de moro en pasta de full

Zutaten:
6 Kaktusfeigen
200 g Blätterteig
1 Eigelb

Zubereitung:
Die Kaktusfeigen schälen und in Blätterteig einrollen, die Ränder dabei fest andrücken. Den Blätterteig mit dem Eigelb bestreichen und im auf 180 °C vorgeheizten Ofen etwa 45 Minuten backen.

Kaktusfeigengelee

Jalea de higo chumbo
Gelea de figuera de moro

Zutaten:
750 g Kaktusfeigen
500 ml Wasser
500 g Gelierzucker
(bzw. nach Angabe auf
der Verpackung)
2 EL Zitronensaft

Zubereitung:
Kaktusfeigen schälen und in dünne Scheiben schneiden. In einem Topf mit Wasser aufkochen und dann bei geringer Hitze etwa 5 Minuten köcheln lassen, bis sie weich sind. Das Fruchtfleisch durch ein Haarsieb geben. Dazu gibt man Zitronensaft und Gelierzucker in den Topf und lässt das Ganze noch 1 Minute kochen. Den Schaum abschöpfen und das Gelee in saubere Marmeladengläser füllen.

Kaktusfeigen

Quittenbaum

Quittenkonfitüre

Dulce de Membrillo
Codonyat

Zutaten:
1 kg Quitten
Mineralwasser
Zucker
Zimtstangen
etwas Zitronensaft
Zitronenschale

Zubereitung:
Die Quitten schälen, entkernen und klein schneiden, dann mit etwas Mineralwasser aufkochen. Zimtstangen und Zitronenschale hinzufügen und 30 Minuten kochen. Zucker und Zitronensaft dazugeben und 1 weitere Stunde kochen lassen, bis sich die Quitten „aufgelöst" haben, dabei immer wieder mit einem Holzlöffel umrühren! Nun die Zimtstange und die Zitronenschale herausnehmen. Das Quittengelee in Gläser füllen und so lange kühl stellen, bis es fest geworden ist.

Datteln

Datiles
Dàtils

Zutaten:
20 Datteln
10 Mandeln
100 g Manchego-Käse
300 g Serrano-Schinken
Orangensaft
Sherry
Öl

Zubereitung:
Die Mandeln etwa 3 Stunden in Orangensaft und Sherry einlegen. Die Datteln entkernen.

Die eine Hälfte der Datteln mit den Mandeln füllen, die andere Hälfte mit dem gewürfelten Käse. Mit Serrano-Schinken umwickeln und in einer geölten Pfanne von allen Seiten braten.

Die Kunst des Korbflechtens

Die Technik des Korbflechtens ist Jahrhunderte alt und wurde und wird auch weiterhin von Generation zu Generation weitergegeben. Auch Antonio, ein alter Ibicenco mit wettergegerbtem Gesicht, erlernte sie von seinem Vater. Er erzählt, dass die Familienmitglieder früher abends am Feuer zusammensaßen, sich unterhielten und dabei Körbe flochten. Es ist spannend zuzusehen, wie geschickt Antonio die Esparto-Grashalme hin- und herbiegt und Halm für Halm in einen Strang einarbeitet. Seine Frau kocht derweil ein deftiges Essen mit Zutaten aus dem eigenen Garten. Er braucht Stunden, um einen Korb fertigzustellen, doch kann er für seine Arbeit nie das verlangen, was sie wirklich wert ist.

Körbe braucht man immer, damals wie heute. So sammelt man nicht nur die beliebten `Pabrassos`, die ibizenkischen Pilze darin, sie sind auch nützlich für die Feigen-, Johannisbrot- und Mandelernte.

Das Esparto-Gras wächst vor allem auf der kleinen Insel s´Espartar vor der Cala Comte. Es muss vorher behandelt werden, damit man die Halme verarbeiten kann: Das Gras wird geschnitten und etwa einen Monat in Meerwasser gelagert, das die Halme geschmeidig macht. Danach trocknet man es in der Sonne, bündelt es und lagert es in Schuppen.

Um feinere Fäden zum Flechten zu bekommen, werden die Halme mit einem Stein faserig geschlagen. Jeder ibizenkische Bauer hatte einen solchen Stein vor seinem Haus liegen.

Der Johannisbrotbaum – Algarroba

Wer kennt sie nicht, die schönen „Algarrobas", die so typisch für die Landschaft Ibizas sind? Sie prägen durch ihr imposantes Erscheinungsbild den einmaligen Charakter der ibizenkischen Landschaft. Dieser Baum, der bis zu 20 m hoch werden kann, ist sehr anspruchslos. Er wächst auch ohne Bewässerung überall. Da er immergrün ist, spendet er wohltuenden Schatten. Seine ausladende Krone kann einen Umkreis von 12 bis 15 m Durchmesser beschatten. Dennoch besagt eine alte Bauernweisheit, dass man nie in seinem Schatten schlafen solle, da dieses der Gesundheit schade. Vielleicht, weil die überreifen Früchte einen stark süßlichen und leicht ranzigen Geruch verbreiten, wenn sie vom Baum fallen?

In Hungerzeiten garantierte er stets eine sichere Ernte: Seine Schoten hängen im Überfluss an den knorrigen Ästen.
Der Johannisbrotbaum ist eine der ältesten Kulturpflanzen und wird bereits in der Bibel erwähnt: Johannes der Täufer soll sich in der Wüste von den süßen Schoten dieses Baumes ernährt haben, daher wohl auch sein Name!

Eine andere Legende besagt, der Johanniterorden sei an der Verbreitung des Baumes beteiligt. Er habe erstmals einen planmäßigen Anbau betrieben und ihm dadurch seinen Namen gegeben.

Griechen, Araber und Phönizier wogen mit den Samen des Baumes im Altertum Gold und Diamanten auf; die sehr harten Kerne waren als natürliche Maßeinheit wie geschaffen. Sie wurden als kleinste Gewichtseinheit verwendet, denn sie haben unabhängig von ihrer Form immer ein konstantes Gewicht. Diese Gewichtseinheit ist weltweit als „Karat" in Gebrauch. Ein Kern wiegt genau 0,2 g. So ist heute das Karat definiert, abgeleitet von dem botanischen Namen „ceratonia siliqua".

Bei der Johannisbrotfrucht wird zwischen dem Fruchtfleisch, dem so genannten „Carob", und den Kernen unterschieden. Die Kerne werden frisch oder getrocknet gegessen, zu Sirup verarbeitet, zu alkoholischen Getränken, z. B. `Palo`, vergoren oder als Johannisbrotkernmehl in der Lebensmittelindustrie als Bindemittel verarbeitet.

Das schwarze Fruchtfleisch schmeckt sehr süß, da es hauptsächlich Zucker enthält. Es wird geröstet und zu Johannisbrotmehl gemahlen, das geschmacklich an Kakao erinnert und auch so verwendet wird, z. B. in Milch, in Kuchen oder in Desserts. Im Unterschied zu Kakao ist Carob jedoch sehr fettarm und enthält keine Bitterstoffe, dafür aber viele Ballaststoffe.

Johannisbrotkuchen

Pastel de algarroba
Pastís de garrofa

Zutaten:
300 g Zucker
100 g Margarine
3 Eier
1 Prs. Salz
100 g Johannisbrotmehl
500 ml Milch
500 g Mehl
½ Pkg. Backpulver

Eine Alternative zu Schokoladenkuchen.

Zubereitung:
Die Eier, die Margarine und den Zucker schaumig rühren. Das Johannisbrotmehl, die Milch und Salz unterrühren. Das Mehl sieben, mit dem Backpulver vermischen und unterheben.

Den Teig in einer Form bei 200 °C etwa 60 Minuten backen.

Johannisbroternte

Der Mandelbaum – Almendro

Es waren wohl die Mauren, die vor über 1000 Jahren die Mandelbäume nach Ibiza brachten. Der Mandelbaum ist eine robuste unkomplizierte Pflanze ohne große Ansprüche an den Boden. Seinen Bedarf an Wasser holt er sich über Wurzeln, die tief in die Erde reichen. Er ist langlebig und trägt jedes Jahr Früchte, die oft und gern gegessen werden. Es gibt so viele Möglichkeiten, Mandeln zu sich zu nehmen: gesalzen, geröstet, zu Fisch und zu Fleisch, in Süßspeisen oder als Kuchen.

Bei der Mandelernte werden ähnlich wie bei der Olivenernte große Tücher unter den Bäumen ausgebreitet und die Früchte mit langen Stäben von den Mandelbäumen geschlagen. Mit Hilfe dieser Tücher können dann die Mandeln leicht und bequem eingesammelt werden. Sofort nach der Ernte werden die Kerne aus den Schalen gebrochen, denn zu diesem Zeitpunkt sind sie noch weich und lassen sich leicht vom Kern lösen. Die Haltbarkeit von Mandeln beträgt etwa neun Monate.

Für viele sind die Wochen der Mandelblüte die schönste Zeit auf Ibiza, denn zum einen sind sie die Vorboten des Frühlings, zum anderen ist es ein überwältigender Anblick, wenn die Insel von Anfang Januar bis Mitte Februar mit einem weißen Schleier aus Mandelblüten überzogen ist. Am schönsten ist die Mandelblüte im so genannten „Tal der Krone" in Santa Agnes, einem Dorf, das seine Ursprünglichkeit bewahrt hat. Nirgendwo auf der Insel gibt es so viele Mandelbäume wie hier. Wenn man in das Tal hineinkommt, sieht es so aus, als hätte es geschneit. Alles ist weiß – die Bäume scheinen wie mit Raureif überzogen.
Noch heute erzählen Mütter ihren Kindern
die Geschichte vom Schnee auf Ibiza:

Ein Prinz aus Ibiza verliebte sich in eine schöne Prinzessin aus dem hohen Norden. Er schwärmte ihr von der traumhaften Insel vor: von der goldgelben Sonne, von dem blauen Meer, der roten Erde und dem Grün der Pinien. Die Prinzessin war fasziniert von seinen Worten und folgte ihm nach Ibiza, wo sie bald heirateten. Er hatte ihr nicht zuviel versprochen: Sie verliebte sich sofort in die Insel. Der Prinz und die Prinzessin waren sehr, sehr glücklich miteinander. Doch der Winter kam, und die Prinzessin wurde immer trauriger. Der Prinz bemerkte es, doch immer, wenn er sie nach dem Grund ihrer Traurigkeit fragte, wich sie ihm aus. Eines Tages jedoch, als er erneut fragte, antwortete sie: „Ich vermisse den weißen Winter meiner Heimat. Ich habe den Schnee so sehr geliebt." Der Prinz war froh, endlich den Grund ihrer Traurigkeit zu kennen, und wusste auch schon bald, wie er ihr helfen konnte.

Eines Morgens ging er mit ihr zum Fenster und öffnete es. Die Prinzessin glaubte ihren Augen nicht zu trauen: Sie schaute auf eine große Ebene von strahlendem Weiß — auf die Mandelbäume von Santa Agnes.

Ein leiser Wind wehte, er ließ die Blüten wie Schnee von den Bäumen rieseln. Die Prinzessin weinte vor Freude.

„Nun hast du auch hier deinen Schnee", sagte der Prinz, und sie lebten glücklich und zufrieden bis an ihr Lebensende.

Mandelkuchen

Pastel de almendra
Pastís de ametlle

Zutaten:
250 g Mandeln, geschält,
   fein gemahlen
250 g Puderzucker
8 Eier
1 Vanilleschote
1 Zitrone, abgeriebene
   Schale davon

Zubereitung:
Den Puderzucker mit Eigelb glattrühren. Die Zitronenschale und das aus der Schote gekratzte Vanillemark dazugeben. Die Mandeln unterrühren. Die Eiweiße steif schlagen, unter die Masse heben und gleichzeitig verrühren. In eine gefettete Springform geben und in einem vorgeheizten Backofen bei 180 Grad etwa 60 Minuten backen. Auskühlen lassen und mit Puderzucker bestreuen.

Blühende Mandelbäume in Santa Agnes

Bei der Mandelernte

OLIVEN, KAPERN & PICADA

Aceitunas, Alcaparras y Picada
Olives, Tàperes i Picada

Der Olivenbaum

Überall auf der Insel sieht man knorrige Olivenbäume mit ihren silberfarbenen Blättern, die wie Skulpturen in der Landschaft stehen. Es gibt kaum eine Familie, die nicht ihre eigenen Oliven erntet. Dieses jedoch nur für den Eigenbedarf, nur selten gelangt eine Ernte die in den Handel.

Die Geschichte des Olivenbaumes reicht bis in die Antike zurück. Erste archäologische Funde von Olivenkernen sind über 9.000 Jahre alt.

Kaum ein anderer Baum hat einen so hohen Symbolcharakter. Der Sage nach „entstand" der Olivenbaum auf der Akropolis aus einer Lanze der Pallas Athene. Zeus wollte denjenigen als Namensgeber der damals größten Stadt wählen, der den Einwohnern das nützlichste Geschenk machte. Athene und Poseidon stritten sich um diese Ehre. Poseidon, der Gott des Meeres, schenkte der trockenen Gegend einen Brunnen, doch der gab nur Salzwasser! Athene, die Göttin der Weisheit, stieß ihre Lanze in den Boden, und es wuchs ein Olivenbaum, der den Bewohnern Nahrung, Olivenöl und Holz spendete! Sie gewann den Wettstreit, und so bekam die Stadt Athen ihren Namen.

Homer besang den Olivenbaum in seiner Iliade und Odyssee. Er sah bei den olympischen Spielen, dass den Siegern als Zeichen des Triumphes ein Kranz aus Olivenzweigen aufgesetzt wurde.

In der Bibel steht der Baum als Symbol für Frieden und Hoffnung: Eine Taube brachte einen Olivenzweig zur Arche Noah, um das Ende der Flut anzukündigen. Auch heute noch finden wir diese Symbolkraft: Ein Olivenzweig ist das Symbol der Vereinten Nationen, steht er doch für das Ziel, den Frieden auf der ganzen Welt zu sichern.

Bis ein Olivenbaum zur vollen Reife gelangt, dauert es bis zu 15 Jahren. Sein sehr langsames Wachstum wird durch ein hohes Alter ausgeglichen; so mancher Baum soll an die tausend Jahre alt sein!

Die Farbe der Oliven zeigt ihren Reifegrad an. Grüne Oliven sind noch nicht völlig reif und werden deshalb direkt vom Baum geerntet. Dafür werden große Tücher unter den Bäumen ausgebreitet und die Früchte mit langen Stäben heruntergeschlagen. In den Tüchern können sie bequem eingesammelt werden.

Dunkle, schwarze Oliven hingegen sind ausgereift, fallen vom Baum ab und werden vom Boden aufgelesen.

Wer schon einmal eine Olive direkt vom Baum genascht hat, war sicher sehr enttäuscht. Diese Früchte sind wegen ihrer Bitterkeit nicht genießbar; die Bitterstoffe werden ihnen erst durch das Einlegen in Salzlake entzogen, in die sie im Ganzen (`senceres`) oder aufgeschnitten (`tallades`) eingelegt werden. Die aufgeschnittenen Oliven müssen bald verzehrt werden, die ganzen halten etwa ein halbes Jahr.

Ende Oktober fallen die ersten `Pansides` (Dörroliven) vom Baum, braun und ein wenig runzelig. Man macht sie mit Öl, Salz, Knoblauch und Lorbeer an und isst sie sofort.

Salzlake für Oliven

Salmuera
Salmorra

Zutaten:
1 L Wasser
100 g Salz
2 Lorbeerblätter
1 Fenchelzweig
einige Orangenschalen
10 Korianderkörner

Zubereitung:
Die Zutaten in einem Topf 5 Minuten kochen, dann abkühlen lassen. Über die Oliven gießen und das Gefäß mit einem Deckel verschließen.

Nach 8 Tagen kann man die Oliven essen. Sie halten sich in der Salzlake mehrere Wochen.

Wichtig:
Die Oliven immer mit einem Holzlöffel aus dem Gefäß holen, niemals mit einem Löffel aus Metall oder mit den Fingern!

Oliven

Aceitunas
Olives

Zutaten:
200 g Oliven, gemischt
40 g Kapern
4 Thymianzweige
1 Chilischote
1 Knoblauchzehe
1 TL Oregano
1 TL Fenchelsaat
100 ml Olivenöl
Pfeffer

Zubereitung:
Die Oliven kurz andrücken und mit den Kapern mischen. Thymianblättchen abpflücken, Knoblauch und Chili fein hacken und mit Oregano, Fenchelsaat und Thymian in Olivenöl einmal aufkochen lassen. Das heiße Öl über die Oliven und Kapern geben, pfeffern und mindestens 3 Stunden ziehen lassen.

Eingeschnittene Oliven

Aceitunas trencades
Olives tallades

Zutaten:
Oliven
Wasser
Zitronenstücke
Fenchelzweige
Paprikaschoten
Thymianzweige
Lobeerblätter

Salzsole:
Wasser
Salz
1 Ei

Zubereitung:
Man schneidet jede einzelne Olive auf, ohne dabei den Kern zu zerstören, und legt sie dann in Wasser ein, das eine Woche lang täglich gewechselt wird. Nur so verlieren sie den bitteren Geschmack. Nun bereitet man eine Mischung aus Zitronenstückchen, Fenchelzweigen, Paprikaschoten, Thymianzweigen und Lorbeerblättern zu, legt abwechselnd eine Schicht Oliven und eine Schicht Gewürze in ein Gefäß und übergießt das Ganze mit einer kalten Salzsole, bis alles bedeckt ist. Mit einem Deckel verschließen. Einige Wochen später kann man die Oliven genießen.

Für die Salzsole Wasser in einem Topf kochen und Salz dazugeben. Um zu erkennen, ob die Brühe genügend Salz erhält, legt man ein frisches Ei hinein. Sobald es schwimmt, ist sie salzig genug.

Ganze Oliven

Aceitunas enteras
Olives senceres

Zutaten:
Oliven
Wasser

Zubereitung:
Bevor die Oliven in einen mit kaltem Wasser gefüllten Steingutbehälter gegeben werden, versetzt man jeder auf einem Küchenbrett mit einem Holzhammer einen leichten Schlag.

Das Wasser muss nun 9 Tage lang täglich gewechselt werden.

Olivenernte

Olivenpastete

Pate de aceitunas
Paté d'olives

Zutaten:
150 g schwarze Oliven,
    entkernt
1 Dose Anchovis ohne Öl
10 kleine Gewürzgurken
1 EL Kapern
1 Knoblauchzehe
1 TL grüner Pfeffer
Olivenöl

Zubereitung:
Alle Zutaten im Mixer gut pürieren. In ein Glasgefäß füllen und bis zum Verzehr in den Kühlschrank stellen. Mit geröstetem Brot servieren!

Der Kapernstrauch

Kapern sind ein wichtiger Bestandteil der Inselküche und haben eine lange Tradition.

Schon die Römer verwendeten sie. Sie waren wahre Meister im Würzen von Fisch- und Fleischgerichten mit Kapern.

Die Kaper ist die Knospe einer Pflanze, die auf Ibiza unter dem Namen `Taparera` bekannt ist. Die Früchte wachsen an niedrig stehenden Sträuchern; daher ist ihre Ernte von Juni bis September sehr hart, weil man in gebückter Körperhaltung bei großer Hitze arbeiten muss. Meist ernten Frauen die Kapern früh am Morgen, da die Temperaturen dann noch erträglich und die Knospen fest von der Kühle der Nacht sind.

Frische Kapern schmecken bitter, deshalb werden sie in Essig, Öl oder Salz eingelegt.

Die in Salz eingelegten müssen vor dem Zubereiten gewässert werden!
Kapern werden den Speisen immer vor Ende der Garzeit zugefügt, da sich ihr Geschmack durch längeres Erhitzen verändert.

Kapern in Essig

Alcaparras en vinagre
Taperes en vinagre

Zutaten:
Kapern
Essig

Salzlake:
Wasser
Salz
1 Ei

Zubereitung:
Kapern in eine Lake aus Wasser und Salz geben. 2 bis 3 Tage stehen lassen, danach abgießen, gut abtropfen lassen, mit Essig bedecken und etwa 15 Tage im Kühlschrank durchziehen lassen.

Für die Salzsole Wasser in einem Topf kochen und Salz dazugeben. Um zu erkennen, ob die Brühe genügend Salz erhält, legt man ein frisches Ei hinein. Sobald es schwimmt, ist sie salzig genug.

Kapern mit Knoblauch

Alcaparras con ajo
Taperes amb all

Zutaten:
100 g Kapern
2 Knoblauchzehen
3 kleine rote Chilischoten
1 Handvoll Petersilie
125 ml Olivenöl

Zubereitung:
Die gut abgetropften Kapern mit dem in Scheiben geschnittenen Knoblauch, der gehackten Petersilie und den Chilischoten in ein Glas schichten. Das Olivenöl darübergießen und etwa 1 Woche im Kühlschrank ziehen lassen.

Torre de ses portes

Picada

Die Picada stammt von den Mauren. Sie ist eine Mischung aus Knoblauch, Gewürzen und Mandeln, im Mörser klein gestoßen und wird mit etwas Flüssigkeit vermischt. Zu Gerichten wird sie 2 bis 3 Minuten vor Ende der Garzeit beigegeben, um deren Geschmack zu vollenden.

Picada

Picada
Picada

Zutaten:
1 Handvoll Mandeln,
   geschält
2 Knoblauchzehen
1 Eigelb, hart gekocht
Salz
Wasser

Zubereitung:
Die Mandeln mit den Knoblauchzehen, Salz und dem Eigelb im Mörser zerstoßen und etwas Wasser hinzufügen. Diese Picada eignet sich gut für Fleischragouts.

Picada mit Petersilie

Picada con perejil
Picada amb julivert

Zutaten:
1 Handvoll Petersilie
3 Knoblauchzehen
Salz
etwas Zitronensaft
Öl

Zubereitung:
Den Knoblauch und die Petersilie mit Salz in einem Mörser zerstoßen, Zitronensaft und einen Schuss Öl hinzufügen. Diese Picada passt gut zu gebratenem Fisch.

GETRÄNKE

Bebidas
Begudes

„Trinke nie, ohne zu essen –
iss nie, ohne zu trinken!"

(Spanisches Sprichwort)

Kräuterlikör – Hierbas ibicencas

Liköre mit feinen Kräutern haben auf den Balearen eine lange Tradition. Schon der Geschichtsschreiber Plinius schrieb im 1. Jh. n. Chr. über ein Getränk, das aus 100 Kräutern bestand und das man gegen zahlreiche Krankheiten einsetzte. `Hierbas ibicencas` ist ein köstlich schmeckender, mit verschiedenen Kräutern zubereiteter Anislikör. Nach einem reichhaltigen Essen ist er ein Muss, da er die Verdauung ankurbelt! Er ist aber auch bekannt für weitere Heilkräfte: So hilft der darin enthaltene Thymian bei Husten, und Rosmarin ist gut gegen Rheuma und Nervenschmerz.

Dieser aromatische Kräuterlikör wird seit mehr als 200 Jahren auf Ibiza hergestellt, mit ausschließlich hier wachsenden Kräutern wie Thymian, Rosmarin, Fenchel, Anissamen und vielen anderen „geheimen" Zutaten von insgesamt 18 Pflanzen. Die Kräuter wachsen in jedem Bauerngarten oder auf dem Feld, und die Basis, der Anislikör, konnte und kann in den Bodegas offen, also literweise, gekauft werden.

Die meisten Rezepte werden als Familiengeheimnisse gehütet. Trotzdem hat uns eine Ibizenkerin das folgende Rezept verraten, das sie von ihrer Mutter und diese wiederum von ihrer Mutter überliefert bekommen hat.

Kräuterlikör

Hierbas ibicencas
Herbes eivissencas

Zutaten:
½ L Anislikör, süß
½ L Anislikör, trocken
1 Zweig Rosmarin
1 Zweig Thymian
1 Zweig Minze
1 Zweig Kamille
1 Zweig Zitronenkraut
1 Zweig Melisse
1 Zweig wild wachsender
  Fenchel, etwas Grün
  davon
1 Wacholderzweig, etwas
  Grün davon
1 Blatt vom Orangenbaum
1 Blatt vom Zitronenbaum
½ Orange, die dünn abge-
  schälte Schale davon
½ Zitrone, die dünn abge-
  schälte Schale davon

Zubereitung:
Alle Zutaten werden in eine Flasche gefüllt und müssen darin 1 Jahr „reifen".

Nicht schon vorher probieren, denn dann schmeckt
der Hierbas noch nicht!

Die beste Zeit für die Zubereitung des Likörs ist zwischen April und Mai, denn in dieser Zeit haben alle
benötigten Pflanzen frische Triebe, und das macht
den Hierbas besonders gut.

Am besten schmeckt er auf Eis – `con hielo`!

Anislikör – Palo

Ist man auf Ibiza, muss man unbedingt vor dem Essen einen `Palo` trinken, um den Appetit anzuregen.

Palo ist der volkstümliche Name für die Chinarinde. Diese aus Südamerika stammende Pflanze wurde im 17. Jh. von der Gräfin von Chinchon als Heilmittel nach Spanien eingeführt.

Durch die Sumpflandschaften auf den Balearen gab es viele Moskitos, die die tödliche Krankheit Malaria übertrugen. Als Mittel gegen diese Krankheit wirken zwei Pflanzen, die Chinarinde und der Enzian.

Die Chinarinde ist bis heute das wichtigste Mittel gegen Malaria, doch der Extrakt dieser Pflanzen schmeckt scheußlich! Deshalb verfeinert man ihn mit verschiedenen Zutaten wie Rohrzucker, Zimt, Muskatnuss und Johannisbrot, und die Zugabe von Anis-Schnaps macht ihn schließlich zu einem wohlschmeckenden Likör. Er wird mindestens ein Jahr lang im Eichenfass gelagert, damit er seinen unverwechselbaren Geschmack erhält.

Man trinkt ihn als Aperitif, kann aber auch Süßspeisen damit wunderbar verfeinern!

Palo-Aperitif

Palo
Palo

Zutaten:
Palo
1 Scheibe Zitrone
etwas Zitronensaft
2–3 Tropfen Gin
Eiswürfel

Zubereitung:
Die Zutaten in ein Longdrinkglas geben.
Salut!

Thymianlikör

Frigola

Zutaten:
4 L Branntwein
250 g Thymianblätter
  und -blüten
2 L destilliertes Wasser
1,2 kg Zucker

Frigola aus Ibiza ist ein typischer Magenbitter aus den Blüten und Blättern des wilden Thymians, den man auf Ibiza überall an den Wegrändern findet. Einem alten Brauch zufolge erntet man Thymian am besten in den frühen Morgenstunden des Johannistages.

Viele Familien auf Ibiza machen ihren Frigola selbst; auch hierfür hat jede ihr eigenes Rezept. Eine Flasche Frigola, darin dekorativ ein Thymianzweig liegend, ist ein hübsches Mitbringsel von der Insel.

Zubereitung:
Man destilliert den Branntwein mit dem Thymian und bekommt etwa 2 Liter als Grundlage für den Likör. Dann löst man den Zucker im Wasser, mischt beides, filtert das Gemisch in Flaschen und lässt es ziehen.

Der rötliche bis orangefarbene Likör eignet sich besonders als Digestif zur Verdauung nach dem Essen, pur oder auf Eis. Aber er schmeckt auch köstlich als Begleiter zu vielen Nachspeisen, und so mancher Konditor füllt seine Pralinen mit diesem Likör.

Wein – Vino

Ibiza ist auf den ersten Blick mit Weinanbau nicht in Verbindung zu bringen, doch hat er hier eine lange Tradition. Bereits die Phönizier sollen auf Ibiza Weinreben kultiviert haben.

Aus phönizischer Zeit wurden ibizenkische Amphoren in der Gegend von Valencia gefunden. Und im 1. Jh. n. Chr. vergleicht der Geschichtsschreiber Plinius die Qualität der Weine dieser Insel mit Weinen aus Italien.

In den letzten Jahrhunderten baute nahezu jeder Bauer seine eigenen Reben an, kelterte mit einfachsten Methoden und produzierte so viel Wein, wie die Familie brauchte. Hauptsächlich gibt es den `Vino payes` (kat.: vi pagès), einen herben Rotwein, den die Bauern in jedem Herbst ansetzen und der noch im selben Jahr getrunken wird. Diesen Wein, nach alter Art gekeltert, gehaltvoll und herb, sollte man beim Bauern probieren, denn in Lokalen ist er nicht zu bekommen.

Alte Ibizenker sagen, dieser Wein sei so gut, dass er am nächsten Tag keinen dicken Kopf mache. Böse Zungen behaupten, aus dem Wein schmecke man die Käsefüße derer heraus, die die Trauben zerstampft haben.

Heute produzieren die Winzer mithilfe modernster Technik und haben ihren Weinbau den europäischen Hygieneansprüchen angepasst. Es dominieren die Rotweine. Die traditionelle Rebsorte der Insel ist die Monastrell-Traube, sie hat sich den hiesigen Bedingungen gut angepasst. Der Wein ist von dunkelroter Farbe, und das Aroma erinnert an reife, rote Früchte.

Bei den Weißweinen ist die Rebsorte Malvacia-Traube erwähnenswert. Inzwischen werden auch bekannte französische Rebsorten angebaut.

Erst 1990 wurde mit dem Vertrieb von Weinen der Insel begonnen und damit das Weinbaugebiet Ibiza ins Leben gerufen. Es wird mit dem Siegel „Wein aus dem Gebiet der Insel Ibiza" geschützt.

Weinbau wird vor allem in den Gebieten von Sant Mateu und Buscatell betrieben. Jedes Jahr wird im Dezember das Weinfest von Sant Mateu gefeiert; dann stellen die Bauern ihre neuen Weine vor.

Weintrauben

Suppe zur Weinlese

Sopa de Sant Mateu
Sopa de San Mateu

Zutaten:
500 g Lammfleisch
200 g Fideus (kleine Nudeln)
Sobrassada
1 Zwiebel
1 Lorbeerblatt
1 Knoblauchknolle
Olivenöl
2 reife Tomaten
1 Glas Weißwein
1 Bund frische Kräuter
Salz
Pfeffer

Bei einer Weinlese gibt es mittags zur Stärkung diesen Eintopf.

Zubereitung:
Das Fleisch in Stücke schneiden, salzen und pfeffern. Die Zwiebeln schälen und würfeln, den geschälten Knoblauch zerstoßen. Die Tomaten häuten, entkernen und pressen.

Einen großen Topf mit Olivenöl erhitzen und die Zwiebeln und den Knoblauch darin andünsten. Die Tomaten zufügen und einige Minuten mitköcheln lassen. Dann das Fleisch und die Sobrassada hineingeben und schmoren lassen. Die Kräuter, das Lorbeerblatt und den Wein zugeben und einmal aufkochen lassen. Eventuell etwas heißes Wasser nachgießen. Köcheln lassen, bis das Fleisch gar ist, dann mit Salz abschmecken und die Kräuter herausnehmen. Die Nudeln zufügen und noch etwa 10 Minuten mitkochen.

ANHANG

KULINARISCHES LEXIKON
DER IBIZENKISCHEN KÜCHE

Arros a banda	gekochter Fisch und Meeresfrüchte mit Reis, in Fischbrühe gekocht
Arros negre	Reisgericht, das durch Tintenfischsud eine schwarze Färbung erhält
Borrida de rajada	Rochenragout mit Mandelsauce
Bunuelos	Ölgebäck (ähnlich unseren Krapfen)
Botifarra	Bratwurst
Bunyols	süße Kartoffelkringel
Chorizo	Paprikawurst
Coca	Blechkuchen in unterschiedlichen Varianten (auch „ibizenkische Pizza" genannt)
Conill amb ceba	Kaninchen mit Zwiebeln
Caragols sofregits	geschmorte Schnecken
Cuinat	Eintopf, den man während der Karwoche isst, u. a. mit Saubohnen
Empanades	Teigpastete
Cocarrois cabel d´Angel	mit Kürbiskonfitüre gefüllte Teigtasche
Ensaimada	Hefeschnecke, in Schmalz gebacken
Fideua	Paella mit Nudeln statt Reis
Flao	Käsekuchen
Frigola	Thymianlikör
Gazpacho	kalte Suppe aus Tomaten, serviert mit Zwiebeln, Gurken, Paprika und gerösteten Brotwürfeln
Gerret de matances	eine Art Sprotten, die beim Schlachtfest gegessen werden
Greixonera	süßer Auflauf mit Ensaimadas
Guisat de bestiar	Eintopf mit Lamm
Guisat de peix	Eintopf aus Fisch, Kartoffeln und Gemüse

ANHANG

KULINARISCHES LEXIKON
DER IBIZENKISCHEN KÜCHE

Arros a banda	gekochter Fisch und Meeresfrüchte mit Reis, in Fischbrühe gekocht
Arros negre	Reisgericht, das durch Tintenfischsud eine schwarze Färbung erhält
Borrida de rajada	Rochenragout mit Mandelsauce
Bunuelos	Ölgebäck (ähnlich unseren Krapfen)
Botifarra	Bratwurst
Bunyols	süße Kartoffelkringel
Chorizo	Paprikawurst
Coca	Blechkuchen in unterschiedlichen Varianten (auch „ibizenkische Pizza" genannt)
Conill amb ceba	Kaninchen mit Zwiebeln
Caragols sofregits	geschmorte Schnecken
Cuinat	Eintopf, den man während der Karwoche isst, u. a. mit Saubohnen
Empanades	Teigpastete
Cocarrois cabel d´Angel	mit Kürbiskonfitüre gefüllte Teigtasche
Ensaimada	Hefeschnecke, in Schmalz gebacken
Fideua	Paella mit Nudeln statt Reis
Flao	Käsekuchen
Frigola	Thymianlikör
Gazpacho	kalte Suppe aus Tomaten, serviert mit Zwiebeln, Gurken, Paprika und gerösteten Brotwürfeln
Gerret de matances	eine Art Sprotten, die beim Schlachtfest gegessen werden
Greixonera	süßer Auflauf mit Ensaimadas
Guisat de bestiar	Eintopf mit Lamm
Guisat de peix	Eintopf aus Fisch, Kartoffeln und Gemüse

Herbes eivissencas	Kräuterlikör
Llangosta al estilo de Ibiza	Languste mit gefüllten Tintenfischen und Kräuterbranntwein
Llom amb col	Kohlroulade
Macarrones de Sant Joan	in Milch, Zimt und Zucker gekochte Nudeln
Olla fresca	Eintopf mit Bohnen, Kartoffeln und Birnen
Olla podrida	Eintopf mit Kichererbsen
Orelletes	in Öl gebackene Anisküchlein
Ossos amb col	Kohl mit Knochen
Pa amb tomaquet	Tomatenbrot
Pa de pages	rundes Bauernbrot
Pa marro	dunkles Brot
Palo	Anislikör
Panellets	Küchlein mit Pinienkernen zu Allerheiligen
Pancuit	Knoblauchsuppe
Picada	im Mörser zerstoßenene Saucengrundlage aus Knoblauch, Petersilie, Mandeln
Pebrasso	Reizker (Pilz)
Pebreres farcides	gefüllte Paprikaschoten
Perdiu amb col	Rothuhn mit Kohl
Pollastre amb llagosta	Hähnchen mit Languste
Porcella rostida	gebratenes Spanferkel
Robiols	Teigtaschen
Roscon	Kranzkuchen
Salsa de nadal	Weihnachtssauce
Seitons	eingelegte Sardellen
Sobrassada	streichfähige feine Paprikawurst
Sofrit pages	Eintopf mit Huhn, Schwein, Lamm, Würsten, Kartoffeln, Zimt und Safran
Sopa de peix	Fischsuppe
Truita d`esparrecs	Omelett mit Wildspargel

REZEPTREGISTER

REZEPTREGISTER SPANISCH